ux

toire. Je

ue Les histo-

as trop de

dire sur

mon mandat.

POMPIDOU

Du Cantal à l'Élysée

Visite du Premier ministre Georges Pompidou pour l'inauguration du téléphérique du Lioran (Cantal), le 11 juin 1967.

Co-auteur

YVON
BERTORELLO

Scénario & dessin

CÉDRIC
FERNANDEZ

Co-auteur

STÉPHANE
BERN

Président du Conseil départemental du Cantal

BRUNO
FAURE

PLEIN VENT

Les auteurs Cédric FERNANDEZ, Stéphane BERN et Yvon BERTORELLO
remercient de façon très spéciale Bruno FAURE, *Président du Conseil départemental du Cantal*
d'avoir initié et soutenu ce biopic sur le président Georges Pompidou.

Cédric Fernandez et Yvon Bertorello remercient aussi :
Laurent WAUQUIEZ, *président de la région Auvergne-Rhône-Alpes,*
Valérie CABECAS, *vice-présidente du Conseil départemental en charge de la culture,*
Didier ACHALME, *président de la Communauté de communes Hautes Terres,*
Gilles CHABRIER, *président des Hautes Terres Tourisme et maire de Murat,*
Chrystèle SERRE, *mairie de Montboudif,*
Bernard ESAMBERT, *président de l'Institut Georges Pompidou,*
Alain MARLEIX, *président de l'Association cantalienne Georges Pompidou.*

Ils tiennent également à remercier :
Loic MERIAN, *Directeur-général des éditions Plein Vent,*
Romain MARLEIX pour son suivi très minutieux
et enfin Fernand LUCAS pour son amitié et sa disponibilité dans nos divers projets.

Sans oublier Richard GARCIA pour son efficacité dans tous nos projets.

Yvon Bertorello tient à remercier très particulièrement
Stéphane BERN pour son amitié et sa participation à ce beau projet
et Cédric FERNANDEZ pour son magnifique travail
sans oublier Alessandro BERGAMIN pour son soutien et son amitié fidèle.

Il remercie enfin feu ses chers parents qui vivent dans la lumière.

Éditions du Rocher – Plein Vent
28 rue Comte Félix Gastaldi – BP 521 – 98015 Monaco
www.editionspleinvent.fr

ISBN : 978-2-38488-075-1

Achevé d'imprimer en France en août 2024 par Pollina – 85407 Luçon.
Dépôt légal : octobre 2024

Loi n°49-956 du 16 juillet 1949 sur les publications destinées à la jeunesse,
modifiée par la loi n°2011-525 du 17 mai 2011.

PARIS 1934.
ALLEZ GEORGES, TU VAS FINIR PAR LA PERDRE CETTE PARTIE ?
LAISSE-MOI DONC BATTRE TON RECORD, J'Y SUIS PRESQUE !
AU FAIT, TU EN ES OÙ AVEC TON ACTRICE ?
VALENTINE TESSIER ? ELLE N'A PAS RÉPONDU BIEN SÛR, HAHA.
TOUT DE MÊME, IL FALLAIT OSER ÉCRIRE À UNE ACTRICE QUE TU N'AS JAMAIS RENCONTRÉE...
ÇA FAISAIT COMMENT DÉJÀ : MADEMOISELLE, VOUS ÊTES L'IMAGE MÊME DE LA BEAUTÉ, DE L'INTELLIGENCE ET DE LA POÉSIE...
... JE VOUS DEMANDE VOTRE MAIN POUR M'Y INCLINER RESPECTUEUSEMENT ET L'EFFLEURER DE MES LÈVRES.
SACRÉ GEORGES ! QUEL POÈTE !
HARF, PERDU
À DÉFAUT D'AVOIR EU UNE RÉPONSE DE SA PART, JE VOUS AURAI AU MOINS FAIT RIRE.
ALLEZ, JE FILE. PERSONNE NE M'ACCOMPAGNE AU CINÉMA ALORS ?
DÉSOLÉ, ON A ENCORE À FAIRE AVEC CETTE MAUDITE MACHINE !
ALORS À DEMAIN. AU LIEU DE JOUER AU FLIPPER, JE VOUS LIRAI UN TEXTE DE BEAUDELAIRE. NE ME REMERCIEZ PAS, JE ME FAIS UNE MISSION D'ÉTOFFER VOTRE CULTURE.

BOULEVARD SAINT-MICHEL.
Theoromo CINÉMA
UNE PLACE POUR *LA BELLE DE NUIT* S'IL VOUS PLAÎT.
ÇA VOUS FERA 15 FRANCS.
VOILÀ.
MADEMOISELLE...
EXCUSEZ MON AUDACE. VOUS ME PERMETTRIEZ DE M'ASSEOIR À VOS CÔTÉS? J'AI HORREUR DE LA SOLITUDE...
JE NE VOIS PAS CE QUI POURRAIT VOUS EN EMPÊCHER... MAIS JE PRÉVIENS QUE JE PRÉFÈRE REGARDER LES FILMS DANS LE SILENCE.
JE VOUS PROMETS D'ÊTRE SAGE AUTANT QUE DE POSSIBLE.
IL SERAIT BIEN TRISTE DE RENTRER CHEZ NOUS APRÈS UN SI BON FILM. NOUS POURRIONS ALLER PRENDRE UN VERRE? JE CONNAIS UN ENDROIT TRÈS AGRÉABLE AU COIN DE LA RUE.
POURQUOI PAS...

PARLE-MOI DE TOI.
JE NE SAIS PAS PAR OÙ COMMENCER...
J'ÉTUDIE LE DROIT ET JE VIENS DE MAYENNE. MON PÈRE EST MÉDECIN LÀ-BAS. MAIS LA CAPITALE ME CORRESPOND MIEUX.
ET TOI ? TU NE M'AS PAS ENCORE PARLÉ DE CE QUE TU FAIS À PART T'INVITER À CÔTÉ DES JEUNES FILLES PENDANT LES SÉANCES DE CINÉMA...
JE SUIS ÉLÈVE À KHÂGNE, AU LYCÉE LOUIS LE GRAND
CE DOIT ÊTRE BEAUCOUP DE TRAVAIL ?
DANS L'ENSEMBLE, JE TRAVAILLE CONSCIENCIEUSEMENT, MOINS QUE BEAUCOUP. MAIS JE FAIS VITE.
ET D'OÙ VIENS-TU ? TU N'AS PAS L'AIR ÊTRE DE PARIS.
DU CANTAL, D'UN PETIT VILLAGE QUI S'APPELLE MONTBOUDIF ! MAIS POUR ÊTRE HONNÊTE, J'EN SUIS PARTI TRÈS JEUNE. JE REVENAIS LÀ-BAS SEULEMENT POUR LES VACANCES, CHEZ MA GRAND-MÈRE.
J'Y AI DE MAGNIFIQUES SOUVENIRS DE GRANDES BALADES, DE PÊCHE À L'ÉCREVISSE DANS LES RUISSEAUX D'ENTCHIBOLAT, DE NOURRITURE ROBORATIVE : LA POULE AU POT ET LE CANARD EN BROCHE DU DIMANCHE, LES BOURRIOLS ET LE PAIN DE MÉTEIL.
C'EST UNE RÉGION MAGNIFIQUE, RURALE, TRAVAILLEUSE. LA PLUPART DES FAMILLES DE MONTBOUDIF SONT PAYSANNES. ON FABRIQUE DU BON FOIE. ON FAIT LA FÊTE QUAND ON TUE LE COCHON. LES VACHES DONNENT LE LAIT, LES NOYERS, L'HUILE, LES POMMIERS, LE CIDRE EXCELLENT. LES BONNES VALEURS AUVERGNATES.

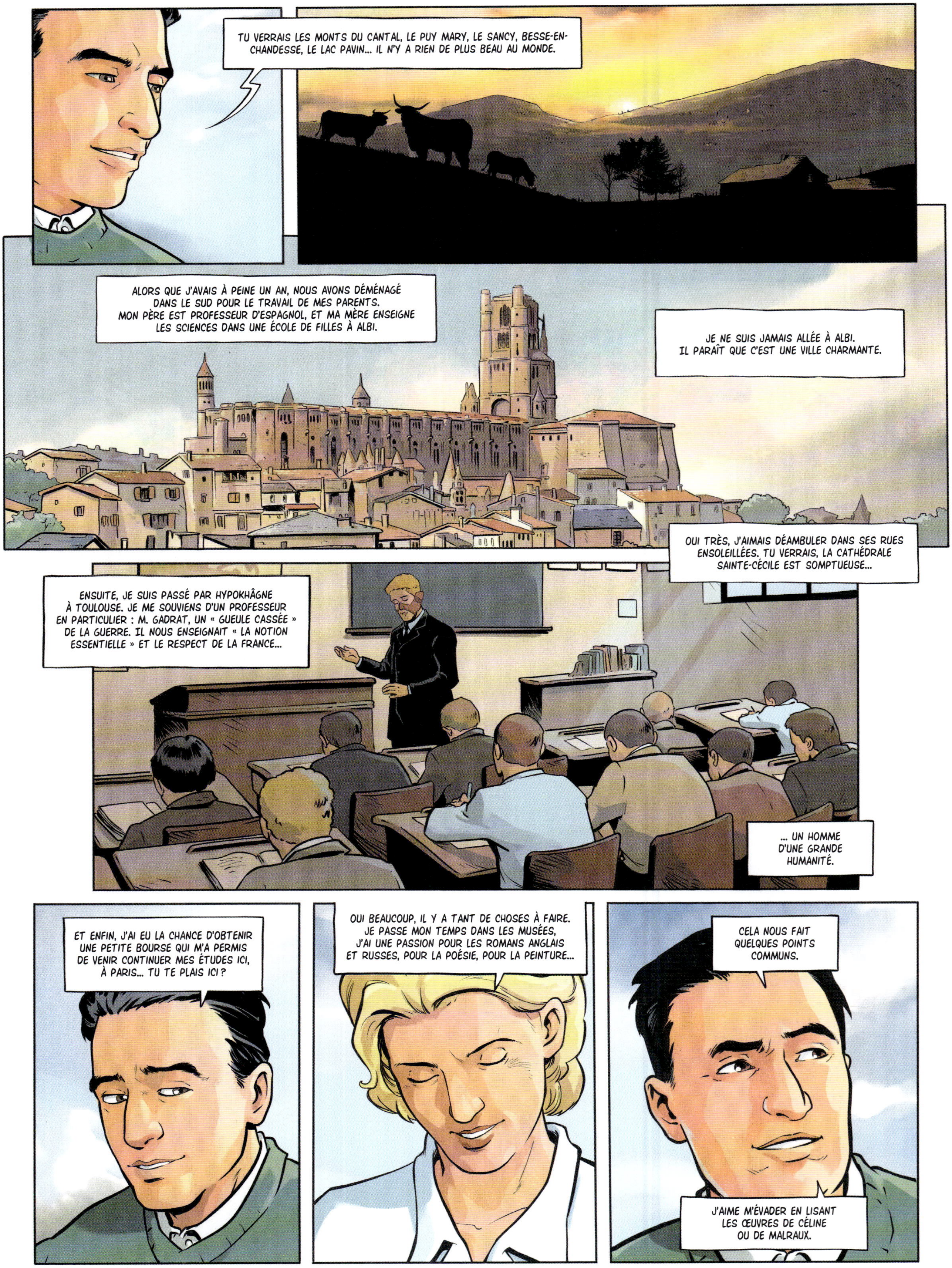
TU VERRAIS LES MONTS DU CANTAL, LE PUY MARY, LE SANCY, BESSE-EN-CHANDESSE, LE LAC PAVIN... IL N'Y A RIEN DE PLUS BEAU AU MONDE.
ALORS QUE J'AVAIS À PEINE UN AN, NOUS AVONS DÉMÉNAGÉ DANS LE SUD POUR LE TRAVAIL DE MES PARENTS. MON PÈRE EST PROFESSEUR D'ESPAGNOL, ET MA MÈRE ENSEIGNE LES SCIENCES DANS UNE ÉCOLE DE FILLES À ALBI.
JE NE SUIS JAMAIS ALLÉE À ALBI. IL PARAÎT QUE C'EST UNE VILLE CHARMANTE.
OUI TRÈS, J'AIMAIS DÉAMBULER DANS SES RUES ENSOLEILLÉES. TU VERRAIS, LA CATHÉDRALE SAINTE-CÉCILE EST SOMPTUEUSE...
ENSUITE, JE SUIS PASSÉ PAR HYPOKHÂGNE À TOULOUSE. JE ME SOUVIENS D'UN PROFESSEUR EN PARTICULIER : M. GADRAT, UN « GUEULE CASSÉE » DE LA GUERRE. IL NOUS ENSEIGNAIT « LA NOTION ESSENTIELLE » ET LE RESPECT DE LA FRANCE...
... UN HOMME D'UNE GRANDE HUMANITÉ.
ET ENFIN, J'AI EU LA CHANCE D'OBTENIR UNE PETITE BOURSE QUI M'A PERMIS DE VENIR CONTINUER MES ÉTUDES ICI, À PARIS... TU TE PLAIS ICI ?
OUI BEAUCOUP, IL Y A TANT DE CHOSES À FAIRE. JE PASSE MON TEMPS DANS LES MUSÉES, J'AI UNE PASSION POUR LES ROMANS ANGLAIS ET RUSSES, POUR LA POÉSIE, POUR LA PEINTURE...
CELA NOUS FAIT QUELQUES POINTS COMMUNS.
J'AIME M'ÉVADER EN LISANT LES ŒUVRES DE CÉLINE OU DE MALRAUX.

MAIS J'AI BIEN PEUR QUE LES ÉVÉNEMENTS QUI SE DÉROULENT EN CE MOMENT VONT NOUS FORCER À NOUS CONCENTRER SUR UNE BIEN TRISTE RÉALITÉ.
C'EST-À-DIRE ?
J'AI LE SENTIMENT QUE DES TENSIONS MONTENT EN EUROPE. L'INCENDIE QUI A RAVAGÉ LE PALAIS DU REICHSTAG EN PLEIN PENDANT LES ÉLECTIONS LÉGISLATIVES A PROFITÉ AU PARTI NATIONAL-SOCIALISTE...
CERTAINS PENSENT MÊME QU'IL SERAIT D'ORIGINE CRIMINELLE ET QU'IL AURAIT ÉTÉ ORCHESTRÉ PAR ADOLF HITLER POUR DISPOSER DAVANTAGE DE MINISTRES NAZIS AU GOUVERNEMENT ET AINSI AVOIR LES PLEINS POUVOIRS. LE CHANCELIER A INTERDIT LES JOURNAUX QUI LE CRITIQUAIENT ET BRUTALISE LES OPPOSANTS...
JE SUIS ALLÉ EN AUTRICHE ET EN ALLEMAGNE L'ANNÉE DERNIÈRE. EN PASSANT À MUNICH, J'Y AI CROISÉ UNE GIGANTESQUE MANIFESTATION. ILS Y PERSÉCUTAIENT DES ÉCRIVAINS JUIFS, DES MARXISTES, DES PACIFISTES...
ILS ONT JETÉ AU BÛCHER DES MILLIERS DE LIVRES. JE NE SAIS PAS SI TU PEUX T'IMAGINER. C'EST EFFRAYANT.
JE NE SAIS PAS OÙ TOUT CELA VA NOUS MENER...
J'AI BIEN PEUR QUE NOUS ALLIONS TOUT DROIT VERS DES ANNÉES SOMBRES.
NOUS VOILÀ DEVANTCHEZ MOI. C'ÉTAIT UN MOMENT CHARMANT.
MERCI À TOI. PEUT-ÊTRE QUE TU ME PERMETTRAIS DE T'INVITER À PRENDRE UN AUTRE VERRE PROCHAINEMENT ?
AVEC GRAND PLAISIR, GEORGES.

À LA FIN DE SES ÉTUDES, GEORGES POMPIDOU EST NOMMÉ PROFESSEUR DE FRANÇAIS-LATIN-GREC AU LYCÉE SAINT-CHARLES À MARSEILLE.
ILS FLÂNENT, PARTENT DÈS QU'ILS LE PEUVENT EN VOITURE POUR SILLONNER LES ENVIRONS D'AIX-EN-PROVENCE OU DE MANOSQUE...
...ILS AFFECTIONNENT PARTICULIÈREMENT LES MOMENTS DE BAIGNADE DANS LES NOMBREUSES CALANQUES, DONNANT L'OCCASION DE DÉBATTRE DE LITTÉRATURE ET DE MUSIQUE...
ILS DÉCOUVRENT SAINT-TROPEZ OÙ CLAUDE ET GEORGES RETOURNERONT RÉGULIÈREMENT CHERCHER LE CALME ET LA DOUCEUR PENDANT DES ANNÉES.
TABAC
CAFE DE PAR

LES ANNÉES PASSÉES DANS LE SUD SONT DOUCES. LES RENDEZ-VOUS RÉGULIERS AVEC SES AMIS, ROBERT PUJOL, PIERRE GUIRAL, JEAN-PAUL DADELSEN ET PIERRE COLOTTE, SONT L'OCCASION DE FESTINS DANS LES PETITS RESTAURANTS DES PETITES RUES DE LA CITÉ PHOCÉENNE OÙ ILS DISCUTENT LITTÉRATURE, MUSIQUE ET POLITIQUE.
Menu - Plateau de Fruits de mer
EN 1938 : APRÈS UN PASSAGE RAPIDE PAR VERSAILLES, IL ENTRE À 27 ANS COMME PROFESSEUR AU LYCÉE HENRI IV À PARIS, CE QUI FAIT DE LUI LE PLUS JEUNE TITULAIRE DE TOUS LES LYCÉES PARISIENS.
ON CONSIDÈRE BAUDELAIRE COMME UN HÉRITIER DU ROMANTISME ET UN PRÉCURSEUR DU SYMBOLISME. IL EST LE POÈTE DE LA MODERNITÉ, IL RÉINVENTE LE ROMANTISME ET PRÉFIGURE LE SYMBOLISME...
QUI VEUT VENIR AU TABLEAU POUR NOUS EXPRIMER SON RESSENTI SUR LES TEXTES QUE VOUS AVIEZ À LIRE POUR AUJOURD'HUI ?
...
JE VOIS. IL N'EST PAS ENCORE HABITUEL DE DONNER LA PAROLE AUX ÉLÈVES, MAIS APPORTONS ENSEMBLE UN PEU DE MODERNITÉ À TOUT ÇA. ALLONS, UN VOLONTAIRE ?
1939, L'ALLEMAGNE ENVAHIT LA POLOGNE. LA FRANCE ET L'ANGLETERRE ENTRENT EN GUERRE CONFORMÉMENT AU PACTE DU CAMP ALLIÉ.
LE MONDE EST BOULEVERSÉ.

LA FRANCE APPELLE À LA MOBILISATION. DES MILLIONS D'HOMMES SONT APPELÉS À PRENDRE LES ARMES POUR STOPPER L'AVANCÉE DES FORCES DE L'AXE.
ORDRE
DE MOBILISATION GÉNÉRALE
Par décret du Président de la République, la mobilisation des arm
et de mer est
complément
des animaux, voitures et harnais
LES JOURS HEUREUX SONT DERRIÈRE LUI.
GEORGES POMPIDOU EST ENVOYÉ DANS LA RÉGION DE GRASSE AU 141E RÉGIMENT D'INFANTERIE ALPINE. PARLANT ALLEMAND, IL EST NOMMÉ OFFICIER DE RENSEIGNEMENTS.
MILITAIRE
ON SOULIGNERA SON COURAGE, SON ESPRIT D'INITIATIVE, SA DROITURE ET SON EXTRÊME INTELLIGENCE.
IL EST ENVOYÉ AVEC SON RÉGIMENT EN ALLEMAGNE, PUIS EN ALSACE, EN BRETAGNE, ET ENFIN DANS LA SOMME. POMPIDOU SE FAIT REMARQUER POUR SON CALME DANS LES MOMENTS DIFFICILES.
IL EST DÉCORÉ DE LA CROIX DE GUERRE AVEC TOUT SON RÉGIMENT.
RÉPUBLIQUE FRANÇAISE

L'ARMISTICE EST SIGNÉ LE 22 JUIN 1940.
LA FRANCE VOIT SON TERRITOIRE DIVISÉ DE FAÇON TRÈS INÉGALE EN UNE ZONE OCCUPÉE AU NORD ET UNE ZONE DITE LIBRE AU SUD. C'EST LE DÉBUT DE LA COLLABORATION AVEC L'ADMINISTRATION MILITAIRE ALLEMANDE.
C'EST UNE PÉRIODE SOMBRE POUR GEORGES POMPIDOU REVENU À PARIS APRÈS SA DÉMOBILISATION POUR REPRENDRE SON POSTE DE PROFESSEUR À HENRY IV.
POMPIDOU A QUELQUES CONTACTS AVEC LA RÉSISTANCE SANS RÉELLEMENT Y PRENDRE UNE PLACE ACTIVE. IL REFUSE D'AILLEURS LA MÉDAILLE DE LA RÉSISTANCE QUELQUES ANNÉES PLUS TARD.
UNE ÉTINCELLE VIENT TOUT DE MÊME ÉGAYER CETTE PÉRIODE DE TROUBLES : L'ADOPTION DU PETIT ALAIN EN 1942.
LE COUPLE SE CONCENTRE SUR LA VIE DE FAMILLE.
6 JUIN 1944, LES ALLIÉS DÉBARQUENT EN NORMANDIE. LA RÉSISTANCE MULTIPLIE LES SABOTAGES ET LES ACTIONS ARMÉES AFIN DE SOUTENIR LES ALLIÉS ET DE DÉSORGANISER L'ARMÉE ALLEMANDE.
MALGRÉ LES CONTRE-ATTAQUES ENNEMIES, LA FRANCE EST PEU À PEU LIBÉRÉE.

LE 26 AOÛT 1944.
POURQUOI VOULEZ-VOUS QUE NOUS DISSIMULIONS L'ÉMOTION QUI NOUS ÉTREINT TOUS, HOMMES ET FEMMES, QUI SOMMES ICI, CHEZ NOUS, DANS PARIS DEBOUT POUR SE LIBÉRER ET QUI A SU LE FAIRE DE SES MAINS.
NON ! NOUS NE DISSIMULERONS PAS CETTE ÉMOTION PROFONDE ET SACRÉE. IL Y A LÀ DES MINUTES QUI DÉPASSENT CHACUNE DE NOS PAUVRES VIES. PARIS ! PARIS OUTRAGÉ ! PARIS BRISÉ ! PARIS MARTYRISÉ ! MAIS PARIS LIBÉRÉ ! LIBÉRÉ PAR LUI-MÊME, LIBÉRÉ PAR SON PEUPLE AVEC LE CONCOURS DES ARMÉES DE LA FRANCE, AVEC L'APPUI ET LE CONCOURS DE LA FRANCE TOUT ENTIÈRE, DE LA FRANCE QUI SE BAT, DE LA SEULE FRANCE, DE LA VRAIE FRANCE, DE LA FRANCE ÉTERNELLE.
NOUS AUTRES, QUI AURONS VÉCU LES PLUS GRANDES HEURES DE NOTRE HISTOIRE, NOUS N'AVONS PAS À VOULOIR AUTRE CHOSE QUE DE NOUS MONTRER, JUSQU'À LA FIN, DIGNES DE LA FRANCE. VIVE LA FRANCE !
LE 26 AOÛT 1944, LE GÉNÉRAL DE GAULLE DESCEND LES CHAMPS-ÉLYSÉES, SOUS LES ACCLAMATIONS D'UNE FOULE DE PARISIENS DÉSORMAIS LIBRES.
DANS LA FOULE, GEORGES EST FASCINÉ PAR LE GÉNÉRAL, PAR SA STATURE, PAR CE QU'IL REPRÉSENTE.

Si vous estimez que je
brillant ni d'important, mais d'utile, et
répète que je n'apporte rien de
que je n'apporte aucun génie, mais de la bonne volonté et, je crois, du
bon sens. Je m'adresse à vous parce que vous êtes sans doute le mieux
placé pour pouvoir m'utiliser si vous le jugez bon.
VOTRE PROFIL M'INTÉRESSE M. POMPIDOU. JE CHERCHE JUSTEMENT UNE PERSONNE POUR MENER QUELQUES TRAVAUX À BIEN.
MAIS POUR CELA, VOUS DEVREZ APPRENDRE LE DROIT PUBLIC, ET, À TRAVERS LUI, SAVOIR COMMENT FONCTIONNE NOTRE ADMINISTRATION ET COMMENT S'ÉTABLISSENT LES RAPPORTS ENTRE L'ÉTAT ET LES CITOYENS.
VOUS SEREZ CHARGÉ D'AIDER LES COMMISSAIRES DE LA RÉPUBLIQUE À METTRE UN PEU D'HUILE DANS LES ROUAGES DE L'ÉPURATION DE L'APRÈS-GUERRE. COMME VOUS LE VERREZ, LES COMMISSAIRES SONT PRESQUE TOUS ISSUS DE LA RÉSISTANCE ET IL FAUDRA METTRE EN PLACE UNE JUSTICE MOINS EXPÉDITIVE.
CETTE AUTORITÉ COMPORTE EN ELLE SON LOT DE RESPONSABILITÉS ET DE DIFFICULTÉS.
VOUS RECEVREZ AUSSI LES INDUSTRIELS CONFRONTÉS AUX NATIONALISATIONS.
ALORS, COMMENT S'EST PASSÉ TON RENDEZ-VOUS AVEC LE GÉNÉRAL ?
TU NE PEUX PAS IMAGINER. C'EST UN PERSONNAGE HORS DU COMMUN. UN PHYSIQUE ÉTRANGE AVEC UNE TÊTE MAL PROPORTIONNÉE À SON CORPS.
CHACUN SUR SON PASSAGE SE FIGEAIT DANS UNE SORTE DE GARDE-À-VOUS, MAIS EN BAISSANT LES YEUX COMME POUR NE PAS VOIR CELUI QUI NE DEVAIT PAS ÊTRE VU, PARCE QU'IL N'APPARTIENT PAS AU MONDE DES HUMAINS.
J'ÉTAIS BÉAT D'ADMIRATION ET ENIVRÉ À L'IDÉE DE PARTICIPER MODESTEMENT À L'ACTION D'UN SURHOMME.
IL M'A PROPOSÉ D'ÊTRE CHARGÉ DE MISSION. JE VAIS DEVOIR TRAVAILLER BEAUCOUP, MAIS LE PROJET ME SEMBLE PASSIONNANT.

DURANT LES ANNÉES 1944-1959, POMPIDOU RESTE DANS L'OMBRE DU GÉNÉRAL DE GAULLE.
POMPIDOU TRAVAILLE D'ARRACHE-PIED POUR EFFECTUER LES TÂCHES QU'ON LUI DONNE. DE GAULLE APPRÉCIE L'INTELLIGENCE ET LA DISCUSSION DE CE NOUVEAU PARTENAIRE.
PUIS IL Y A DES BOULEVERSEMENTS. DE GAULLE DÉMISSIONNE EN JANVIER 46 À CAUSE DES TENSIONS AU SEIN DES PARTIS. AVANT DE QUITTER SON POSTE, IL FAIT NOMMER POMPIDOU AU CONSEIL D'ÉTAT ET AU COMMISSARIAT DU TOURISME.
POMPIDOU DEVIENT DE PLUS EN PLUS INTIME DE LA FAMILLE DE GAULLE, QUI LUI DEMANDE DE S'OCCUPER DE LA TRÉSORERIE DE LA FONDATION ANNE DE GAULLE, CRÉÉE À L'INITIATIVE D'YVONNE ET CHARLES DE GAULLE EN L'HONNEUR DE LEUR TROISIÈME ENFANT, ANNE, ATTEINTE DE TRISOMIE 21 DANS LE BUT D'APPORTER UNE AIDE AUX JEUNES FILLES HANDICAPÉES MENTALES DÉNUÉES DE RESSOURCES.
EN 1947 DE GAULLE VEUT HÂTER LA FIN DE LA IVE RÉPUBLIQUE POUR REMONTER À LA TÊTE DU PAYS. IL DEMANDE À POMPIDOU DE DEVENIR SON CHEF DE CABINET.
L'avenir ne nous appartient pas mais, s'il s'y prête, sachez que je compte sur vous et avec une entière confiance.

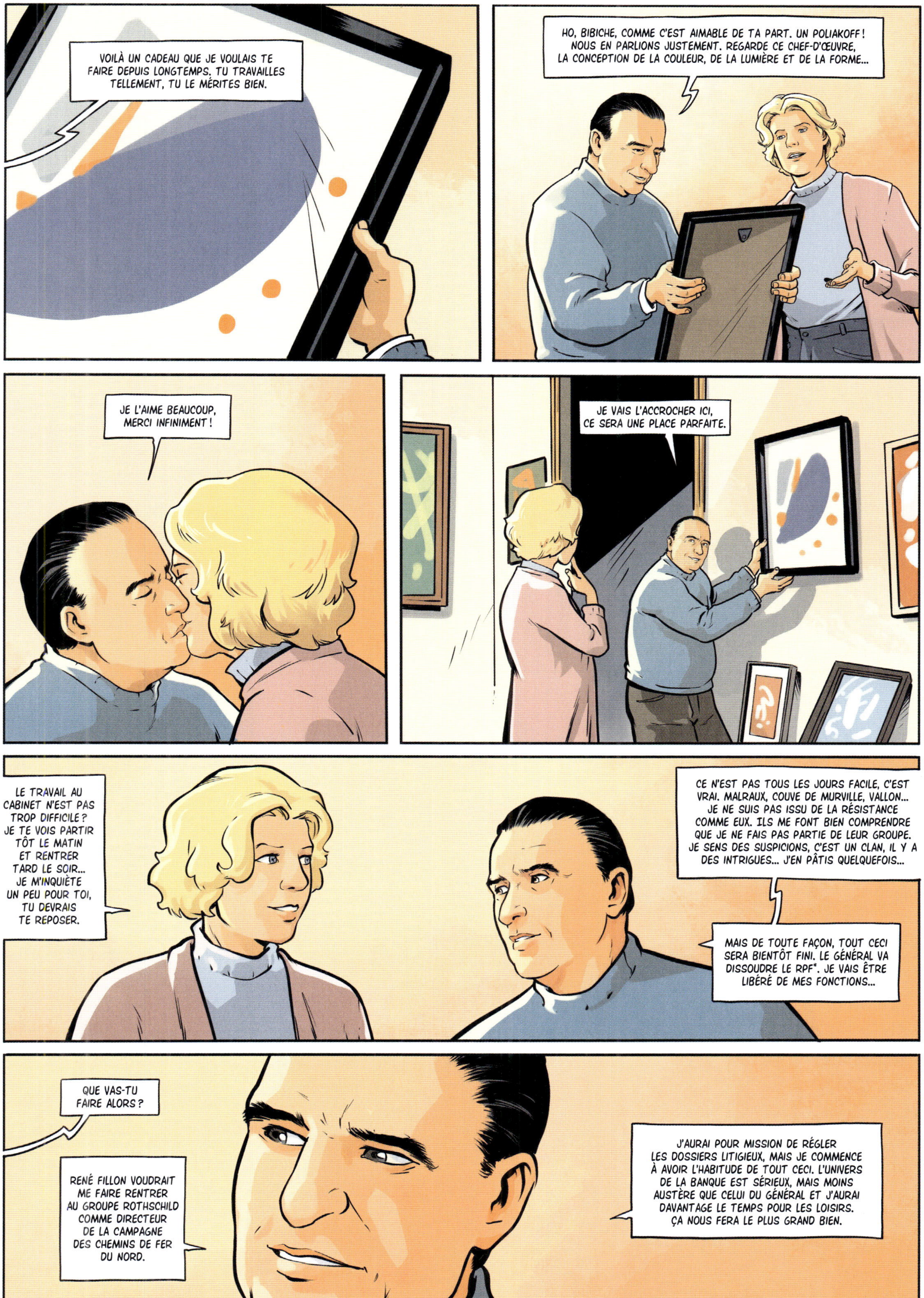

*LE RASSEMBLEMENT DU PEUPLE FRANÇAIS.

*FRONT DE LIBÉRATION NATIONALE (ALGÉRIE).

Les derniers gouvernements de la IVe République s'avérant incapables de régler la question algérienne, le président René Coty fait appel à de Gaulle qu'il nommera président du Conseil avec mission de rédiger dans les 6 mois une nouvelle constitution.
Le général de Gaulle demande à Pompidou d'être son directeur de cabinet. Celui-ci accepte et met entre parenthèses son activité à la banque Rothschild. La Ve République est adoptée par référendum le 4 octobre 1958.
M. COTY désigne le général de Gaulle pour former le gouvernement
CESSEZ-LE-FEU EN ALGÉ
GAULLE ÉLU PRÉSIDENT DE LA Ve RÉPUBLIQUE
Télégramme DE BREST ET DE L'OUEST
Ve REPUBLIQUE EST NÉE

Le métier de banquier ne peut plus satisfaire Georges Pompidou. Espérant être nommé Premier ministre, il profite de son temps libre pour écrire son *Anthologie de la poésie française*.
Sept mois plus tard, Charles de Gaulle est élu 1er président de la Ve République et nomme Michel Debré Premier ministre.
La guerre d'Algérie se prolonge… Pompidou œuvre à négocier secrètement avec des diplomates du FLN. La signature des accords le 18 mars 1962 d'Évian marque l'arrêt du conflit.
Le général de Gaulle est élu président de la République et de la Communauté
René Coty lui transmet

COLOMBEY-LES-DEUX-ÉGLISES, RÉSIDENCE DU GÉNÉRAL DE GAULLE.
POMPIDOU, JE VOULAIS VOUS VOIR POUR FAIRE LE POINT SUR LA RÉINDUSTRIALISATION DE LA FRANCE. OÙ EN SOMMES-NOUS ?
NOUS MESURONS LE RETARD ACCUMULÉ EN MATIÈRE D'INDUSTRIALISATION ET REDOUTONS LA CONCURRENCE ALLEMANDE ET JAPONAISE. NOUS ŒUVRONS À UNE ÉCONOMIE INTERNATIONALE ET TRAVAILLONS SUR DES ACCORDS. IL NOUS FAUT CRÉER LES CONDITIONS FAVORABLES AUX INVESTISSEMENTS ET LES REGROUPEMENTS DE GRANDES ENTREPRISES.
LE NIVEAU DE VIE DES FRANÇAIS EST LIÉ AU DÉVELOPPEMENT ET À LA MODERNISATION DE L'APPAREIL DE PRODUCTION, NOUS EN FAISONS UNE PRIORITÉ. M. LE PRÉSIDENT, JE VOULAIS PROFITER DE CET ENTRETIEN POUR DISCUTER AVEC VOUS D'UN SUJET QUE JE PENSE ESSENTIEL. VOUS SAVEZ LE RESPECT ET L'ADMIRATION QUE JE VOUS PORTE, MAIS JE VOUS PRIE D'ACCEPTER DE REVOIR VOTRE POSITION SUR LA CONDAMNATION D'EDMOND JOUHAUD.
M. LE PREMIER MINISTRE, NOUS AVONS DÉJÀ PARLÉ DE CECI. IL A PARTICIPÉ AU PUTSCH D'ALGER ET COUVERT LES ASSASSINATS DE L'OAS*. DE QUOI ME TRAITERAIT-ON SI JE LAISSAIS PASSER ÇA.
JE NE CONTESTE PAS LES FAITS. MAIS IL ME SEMBLE QUE CE SERAIT UN MAUVAIS MESSAGE ENVOYÉ... IL A VOULU DÉFENDRE UNE TERRE QU'IL CONSIDÉRAIT SIENNE, NOUS DEVRIONS ENVISAGER DAVANTAGE DE SOUPLESSE. JE SUGGÈRE UNE PEINE DE PRISON À PERPÉTUITÉ.
JOUHAUD PASSERA DEVANT LE PELOTON D'EXÉCUTION.
MON GÉNÉRAL, JE NE PUIS M'Y ASSOCIER ET JE NE SIGNERAI PAS LE DÉCRET.
DANS CE CAS, VOUS M'OBLIGEZ À VOUS REMETTRE MA DÉMISSION.
*L'ORGANISATION DE L'ARMÉE SECRÈTE.
... VOUS ME FORCEZ DONC LA MAIN...
ENTRE DEUX INCONVÉNIENTS, VOTRE DÉMISSION ET LA GRÂCE DE JOUHAUD, JE CHOISIS LE MOINDRE. VOUS AVEZ GAGNÉ POMPIDOU.

CAJARC, COMMUNE DU LOT.
CLAUDE A CHERCHÉ PENDANT LONGTEMPS UNE PETITE FERME À RETAPER POUR POUVOIR S'Y NETTOYER DE LA VIE PARISIENNE. ELLE TROUVA SON BONHEUR ICI À CAJARC, QUI, JE DOIS BIEN L'AVOUER, EST UN BIEN JOLI VILLAGE.
J'ÉTAIS CERTAINE QUE CETTE MAISON ALLAIT LUI PLAIRE.
À 400 MÈTRES D'ALTITUDE, C'EST UN ENDROIT MERVEILLEUX POUR LA SANTÉ, AU CLIMAT SEC ET DOUX, UN PAYS SUPERBE.
J'AI TOUJOURS VOULU AVOIR DES TERRES, POUVOIR BÉNÉFICIER D'UN POTAGER, D'UN VERGER ET ÉLEVER DES MOUTONS. JE COMPTE BIEN ACHETER QUELQUES BREBIS CAUSSENARDES ET DES CHEVAUX POUR SILLONNER LE PLATEAU.
JE SUIS DE CEUX QUI PENSENT QUE DANS CINQUANTE ANS LA FORTUNE CONSISTERA À POUVOIR S'OFFRIR LA VIE DU PAYSAN AISÉ DU DÉBUT DU XXE SIÈCLE, À BIEN DES ÉGARDS, C'EST-À-DIRE DE L'ESPACE AUTOUR DE SOI, DE L'AIR PUR, DES ŒUFS FRAIS, DES POULES ÉLEVÉES AVEC DU GRAIN.
HAHA, TU ES DRÔLE ! ON A DU MAL À CROIRE QUE C'EST LE PREMIER MINISTRE QUI NOUS PARLE...
JE SUIS UN HOMME COMME LES AUTRES, AVEC LES MÊMES PRÉOCCUPATIONS, LES MÊMES PETITES JOIES QUE TOUT LE MONDE ...
.. LORSQUE JE SUIS À LA CAMPAGNE, MÊME SI JE SUIS SUR UNE CHAISE LONGUE, JE NE PEUX PAS OUBLIER QUE JE SUIS À LA TÊTE DE L'ÉTAT ET QU'À CE TITRE, J'AI DES RESPONSABILITÉS QUE JE NE PEUX DÉLÉGUER À PERSONNE ET QUI PÈSENT SUR MOI EN PERMANENCE.
ET PUIS IL Y A CETTE DISTANCE, QUI S'IMPOSE ENTRE VOUS ET LES AUTRES, QUI S'INSTALLE PETIT À PETIT ET QUI SE SENT. ON N'EST PAS POUR LES AUTRES, N'IMPORTE QUI... J'EN SOUFFRE PARFOIS.
MAIS PARLONS DE CHOSES PLUS RÉJOUISSANTES QUI NOUS CONCERNENT DAVANTAGE POUR L'INSTANT. LE REPAS DE CE SOIR QUE JE VOUS AI CONCOCTÉ, LA TRUFFADE DE JAMBON ! UN PLAT TYPIQUE DE MON CANTAL NATAL. VOYONS ENSEMBLE CE QUE NOUS DIT LA RECETTE...
CE PLAT RUSTIQUE ET MONTAGNARD EST ORIGINAIRE D'AUVERGNE, PLUS PRÉCISÉMENT DES MONTS DU CANTAL. IL EST COMPOSÉ DE POMMES DE TERRE, DE FROMAGE (DE LA TOMME FRAÎCHE DE CANTAL OU DE SALERS) ET D'AIL. C'EST UN VRAI PLAT D'HIVER QUI EST SERVI TRADITIONNELLEMENT AVEC DE LA CHARCUTERIE LOCALE.
J'EN AI DONC PROFITÉ POUR L'ACCOMPAGNER D'UN EXCELLENT JAMBON SEC D'AUVERGNE ET POUR L'AIL, J'EN AI MIS 3 GOUSSES.
CHERS AMIS, NOUS ALLONS NOUS RÉGALER !

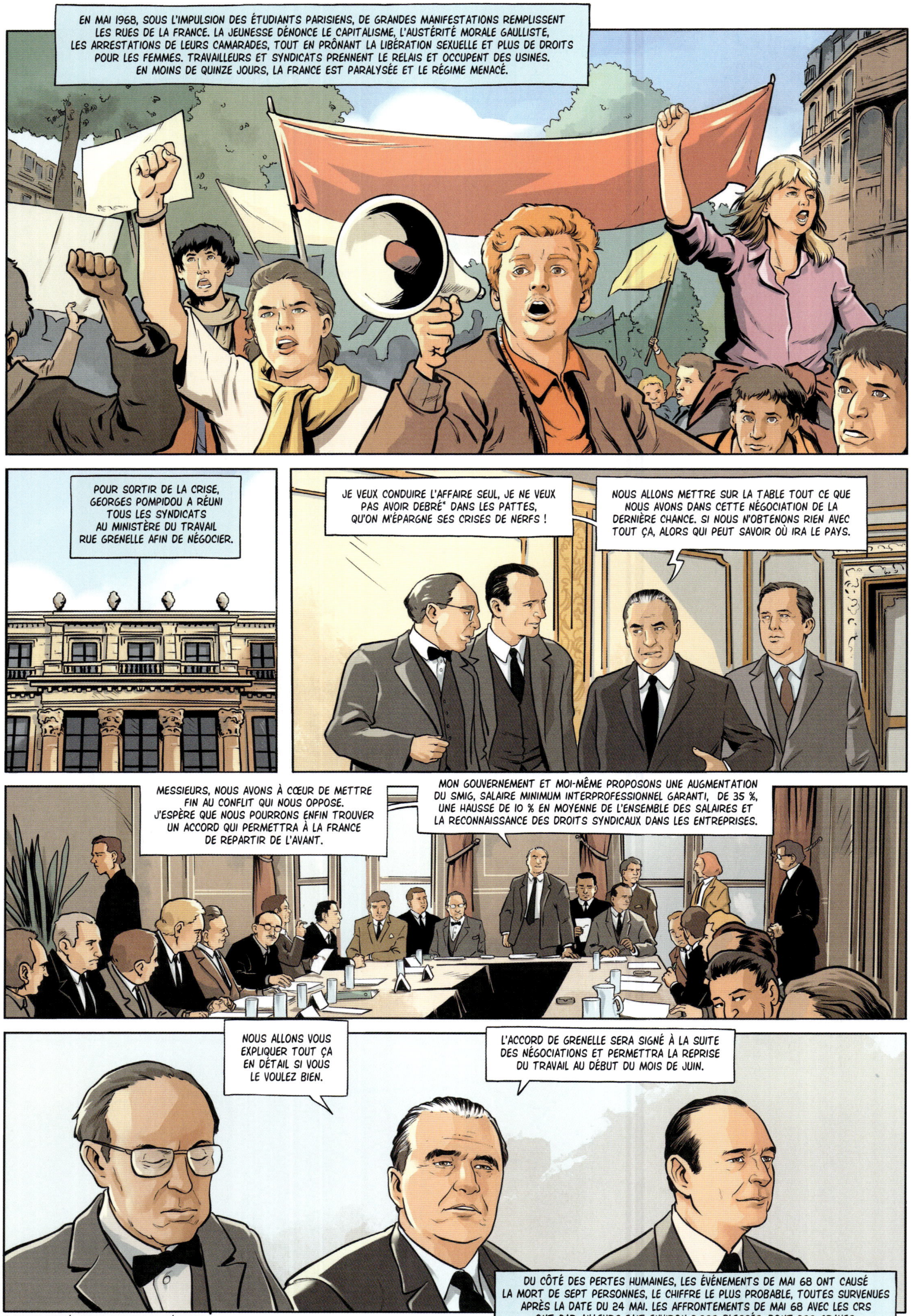

* MICHEL DEBRÉ ALORS MINISTRE DE L'ÉCONOMIE.

JUIN 68, DE GAULLE NOMME MAURICE COUVE DE MURVILLE PREMIER MINISTRE, QUI SUCCÈDE AINSI À GEORGES POMPIDOU, JUSTIFIANT LE CHANGEMENT PAR LA LOURDEUR DE LA TÂCHE.
POMPIDOU EST EN RÉSERVE DE LA RÉPUBLIQUE ET PREND SON MANDAT DANS LE CANTAL.
DE GAULLE LAISSE PLANER SON ÉVENTUEL SOUTIEN À DEBRÉ POUR SA SUCCESSION. IL CHERCHE À M'ÉCARTER DES PLUS HAUTES FONCTIONS.
TU AS VRAIMENT BESOIN DE SON SOUTIEN ?
JE SUIS DANS LA CONTINUITÉ DE SA POLITIQUE. JE NE PEUX PAS ME DÉFAIRE DE ÇA... LE GÉNÉRAL SAIT POURTANT QUE J'INCARNE L'AVENIR AVEC LES PARTENAIRES DE SON CAMP. NOS RELATIONS S'ÉTAIENT DURCIES DEPUIS QUELQUE TEMPS, JE SAVAIS QU'IL VOULAIT ME REMPLACER.
JE DÉPLORE SES POSITIONS LORSQUE CELUI-CI PREND SES DISTANCES AVEC L'OTAN, CONDAMNE L'INTERVENTION AMÉRICAINE AU VIETNAM OU LORSQU'IL DÉSAVOUE LES DIRIGEANTS ISRAÉLIENS LORS DE LA GUERRE DES 6 JOURS. IL A MÊME LANCÉ "VIVE LE QUÉBEC LIBRE !" À MONTREAL. TU TE RENDS COMPTE ?
CES POSITIONS SONT MAL REÇUES PAR LES ALLIÉS DE LA FRANCE.
SUR LE PLAN NATIONAL, JE SUIS AUSSI EN DÉSACCORD AVEC LUI SUR LE FAIT DE VOULOIR ASSOCIER LES TRAVAILLEURS À LA MARCHE DES ENTREPRISES. JE CRAINS LE RÉGIME DES ASSEMBLÉES, VOIRE LA SOVIÉTISATION. JE NE PENSE PAS, NON PLUS, À UNE SÉLECTION À L'ENTRÉE DES UNIVERSITÉS. NOUS DEVRIONS OFFRIR À TOUS UNE CHANCE D'ENTRER DANS LES HAUTES ÉTUDES. LE DÉSIR D'ÉGALITÉ EST DANS L'AIR DU TEMPS.
IL FAUT AVOUER QUE DE GAULLE EST SURTOUT BON DANS LES TEMPÊTES. IL EST MOINS EN PHASE AVEC SON ÉPOQUE.
TU DEVRAIS PRENDRE UN PEU DE DISTANCE AVEC TOUT ÇA POUR UN TEMPS. ÇA TE FATIGUE. J'AI RÉSERVÉ UN HÔTEL POUR QUELQUES JOURS À CARNAC. LE CALME ET LE BON AIR MARIN VONT TE FAIRE LE PLUS GRAND BIEN.

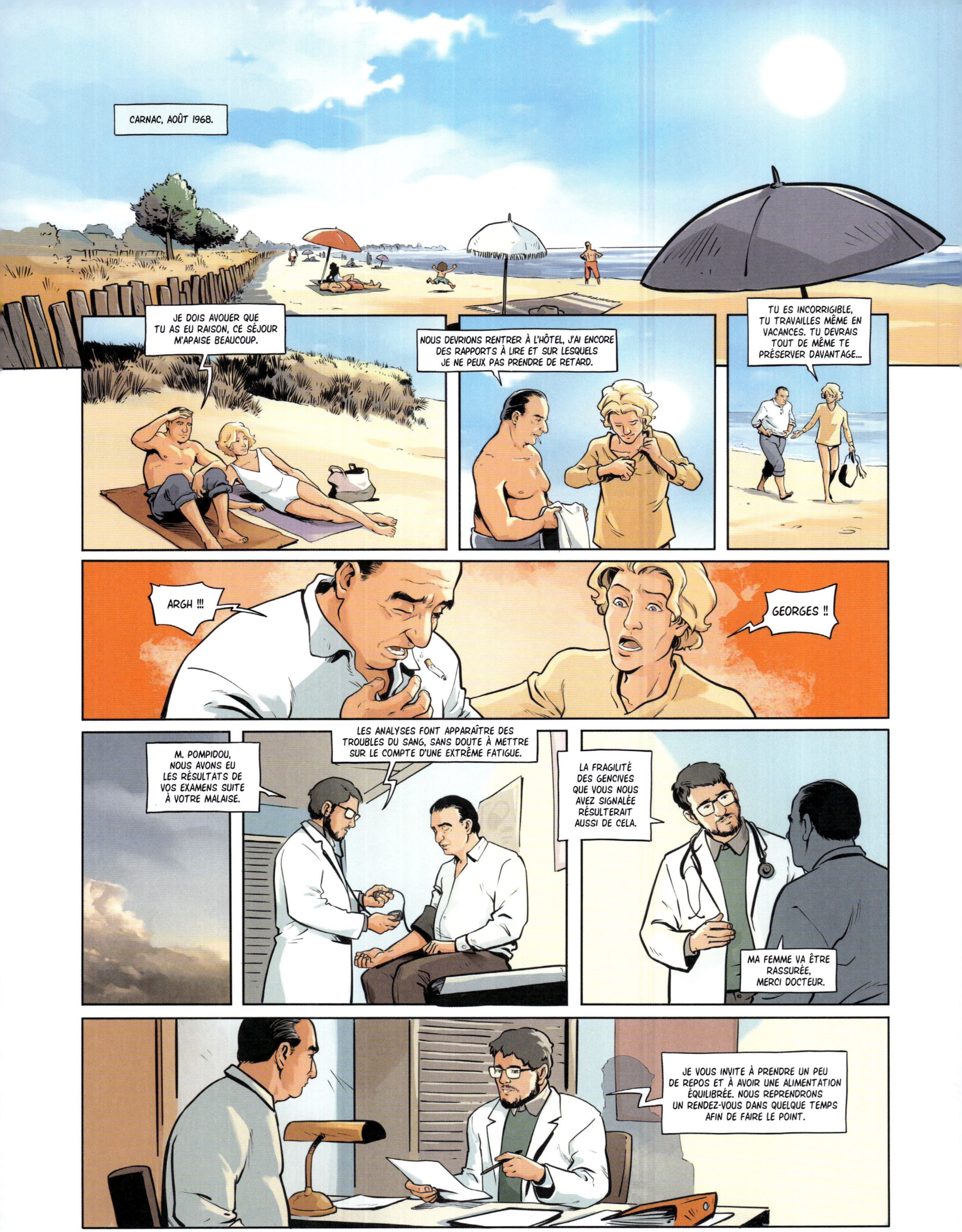
CARNAC, AOÛT 1968.
JE DOIS AVOUER QUE TU AS EU RAISON, CE SÉJOUR M'APAISE BEAUCOUP.
NOUS DEVRIONS RENTRER À L'HÔTEL, J'AI ENCORE DES RAPPORTS À LIRE ET SUR LESQUELS JE NE PEUX PAS PRENDRE DE RETARD.
TU ES INCORRIGIBLE, TU TRAVAILLES MÊME EN VACANCES. TU DEVRAIS TOUT DE MÊME TE PRÉSERVER DAVANTAGE...
ARGH !!!
GEORGES !!
M. POMPIDOU, NOUS AVONS EU LES RÉSULTATS DE VOS EXAMENS SUITE À VOTRE MALAISE.
LES ANALYSES FONT APPARAÎTRE DES TROUBLES DU SANG, SANS DOUTE À METTRE SUR LE COMPTE D'UNE EXTRÊME FATIGUE.
LA FRAGILITÉ DES GENCIVES QUE VOUS NOUS AVEZ SIGNALÉE RÉSULTERAIT AUSSI DE CELA.
MA FEMME VA ÊTRE RASSURÉE, MERCI DOCTEUR.
JE VOUS INVITE À PRENDRE UN PEU DE REPOS ET À AVOIR UNE ALIMENTATION ÉQUILIBRÉE. NOUS REPRENDRONS UN RENDEZ-VOUS DANS QUELQUE TEMPS AFIN DE FAIRE LE POINT.

LE DÉPUTÉ POMPIDOU ŒUVRE DANS SON CANTAL NATAL AVEC LE PLUS GRAND INTÉRÊT. IL PARTICIPE AUX ÉVÉNEMENTS COMME À SAINT-FLOUR ET À CHAUDES-AIGUES OÙ IL RENCONTRE LES MAIRES POUR DISCUTER DES PROBLÈMES QUI LES PRÉOCCUPENT.
M. POMPIDOU, JE VOUS REMERCIE DE PRENDRE UN PEU DE TEMPS POUR RÉPONDRE À NOS QUESTIONS POUR NOS TÉLÉSPECTATEURS. POUVEZ-VOUS NOUS DIRE DE QUOI VOUS AVEZ PARLÉ AVEC LES MAIRES DE LA RÉGION ?
BIEN ENTENDU, IL A ÉTÉ QUESTION D'ÉVOQUER ENSEMBLE LES DIFFÉRENTES PROBLÉMATIQUES QUE RENCONTRE LA RÉGION, ET BIEN ÉVIDEMMENT, DE CHERCHER ENSEMBLE COMMENT Y REMÉDIER. LES PROBLÈMES DE COMMUNICATION, L'INDUCTION D'EAU ET SURTOUT LE PROBLÈME DE L'AVENIR AGRICOLE, DE LA VOCATION AGRICOLE DU CANTAL QUI A ÉTÉ AU CENTRE DE NOS CONVERSATIONS.
JUSTEMENT, AVEZ-VOUS PARLÉ DE L'AVENIR DES PRODUITS CANTALIENS COMPTE TENU DU MARCHÉ COMMUN ?
LE CANTAL EST UN DÉPARTEMENT FONCIÈREMENT AGRICOLE. QUELS QUE SOIENT LES EFFORTS QU'IL FAUT FAIRE POUR Y AMENER UN PEU D'INDUSTRIALISATION, SA RICHESSE PRINCIPALE RESTE LA TERRE ET L'ÉLEVAGE. LE VRAI PROBLÈME EST DE TROUVER UN ÉQUILIBRE ENTRE LA VIANDE ET LE FROMAGE. EN PARTICULIER DE DONNER AU FROMAGE DU CANTAL LE MARCHÉ NATIONAL ET INTERNATIONAL DONT IL A BESOIN ET QU'IL MÉRITE.
TRADITION SALERS
AUTRE SUJET, POUVEZ-VOUS NOUS PARLER DE LA RÉFORME DE RÉGIONALISATION QUI EST EN TRAIN D'ÊTRE MISE EN PLACE ?
CE QUI EST CAPITAL À MES YEUX, C'EST QUE LA RÉGIONALISATION A, AVANT TOUT, POUR BUT DE DÉCENTRALISER AU PROFIT DES COLLECTIVITÉS LOCALES, DÉPARTEMENTALES ET RÉGIONALES, DES POUVOIRS QUI, À L'HEURE ACTUELLE, SONT DÉTENUS PAR LES ADMINISTRATIONS CENTRALES. POUR FAIRE COURT, IL S'AGIT DE FAIRE DESCENDRE LA POSSIBILITÉ DE CERTAINES DÉCISIONS DE PARIS À LA PROVINCE.
QUOI QU'IL EN SOIT, L'AUVERGNE RESTE L'AUVERGNE ET GARDE UNE GRANDE PLACE DANS CETTE RÉFORME.
J'AJOUTE QUE C'EST LA RÉGION À LAQUELLE JE SUIS LE PLUS ATTACHÉ, CELA NE VOUS ÉTONNERA PEUT-ÊTRE PAS.

AUTOMNE 68, UNE DÉCHARGE À ÉLANCOURT.
QU'EST-CE QUE... ?
RENÉ PATARD, JUGE D'INSTRUCTION DE VERSAILLES.
D'APRÈS LES PREMIÈRES ANALYSES, LE CADAVRE RETROUVÉ À ÉLANCOURT SERAIT UN JEUNE YOUGOSLAVE QUI VIVAIT CHEZ ALAIN DELON.
L'AUTOPSIE INDIQUE QUE LA VICTIME A SUCCOMBÉ À DES COUPS PORTÉS À LA TÊTE ET À LA NUQUE PAR UN OBJET CONTONDANT, VOLUMINEUX ET PESANT. DE NOMBREUSES PLAIES ET ECCHYMOSES SONT RELEVÉES SUR LE VISAGE. LA MORT REMONTE À LA NUIT DU 22 AU 23 SEPTEMBRE.
L'AFFAIRE SEMBLE PLUS SÉRIEUSE QU'ON NE LE PENSAIT. VEUILLEZ PROCÉDER AUX RECHERCHES HABITUELLES POUR CE TYPE D'ENQUÊTE. NOUS ENVERRONS DES AGENTS CHEZ DELON QUAND NOUS EN SAURONS PLUS.
RAMATUELLE, LA VILLA D'ALAIN DELON.

MONSIEUR DELON, NOUS SOMMES ICI SUITE À LA DÉCOUVERTE DU CADAVRE DE STEPHAN MARKOVIC. NOUS AURIONS QUELQUES PETITES QUESTIONS À VOUS POSER. POUVEZ-VOUS NOUS EN DIRE PLUS SUR VOS RELATIONS AVEC LUI ?
JE L'AVAIS RENCONTRÉ DANS UNE SOIRÉE, J'AVAIS ÉTÉ ÉBLOUI PAR CE JEUNE HOMME QUI VENAIT D'AILLEURS, QUI AVAIT UN GRAND APPÉTIT DE VIVRE.
JE L'AVAIS PRIS SOUS MON AILE ET LUI AVAIS CONFIÉ DES PETITS BOULOTS. CHAUFFEUR, COURSIER, DES PETITS TRAVAUX DANS LES PRODUCTIONS.
SUITE À QUELQUES PROBLÈMES SANS GRANDE IMPORTANCE, J'AI COMMENCÉ À EN AVOIR ASSEZ DE LUI ALORS JE LUI AI DONNÉ UN PEU D'ARGENT ET LUI AI DEMANDÉ DE PARTIR.
NOTRE ENQUÊTE A RÉVÉLÉ QUE MARKOVIC A EU L'ÉTÉ DERNIER, UNE RELATION AVEC NATHALIE, VOTRE ÉPOUSE. VOUS ÉTIEZ AU COURANT ?
NON...
NOUS VOUDRIONS VOUS INTERROGER SUR VOTRE EMPLOI DU TEMPS AU MOMENT DU MEURTRE.
NOUS AVONS ICI UNE CARTE POSTALE ÉCRITE DE VOTRE MAIN QUI SEMBLE SIGNALER VOTRE PRÉSENCE À PARIS LE JOUR DE L'ASSASSINAT. LA CARTE A ÉTÉ POSTÉE RUE DE LA BOÉTIE, PROCHE DU LIEU OÙ A ÉTÉ DÉCOUVERT LE CORPS.
ELLE A ÉTÉ POSTÉE PAR L'UN DE MES COLLABORATEURS. SI VOUS VOUS ÉTIEZ RENSEIGNÉS UN PEU, VOUS SAURIEZ QUE MON CONTRAT M'INTERDIT DE QUITTER LES LIEUX DU TOURNAGE...
ET HONNÊTEMENT, COMMENT J'AURAIS PU FAIRE L'ALLER-RETOUR À PARIS ASSEZ VITE POUR ÊTRE SUR LES PLATEAUX AUX HEURES DE TOURNAGE, VOUS VOYEZ BIEN QUE ÇA NE COLLE PAS !
DU 38 SPECIAL !
IL SEMBLERAIT QUE NOUS AVIONS MANQUÉ UN ÉLÉMENT LORS DE LA PREMIÈRE AUTOPSIE. UNE BALLE A ÉTÉ TROUVÉE DANS LE CERVEAU ET SERAIT ENTRÉE PAR LA NUQUE. LA BALLE PROVIENT D'UNE ARME HABITUELLEMENT UTILISÉE DANS LE MILIEU DE LA MAFIA.
IL N'Y A DONC PLUS AUCUN DOUTE, C'EST BIEN UN ASSASSINAT !

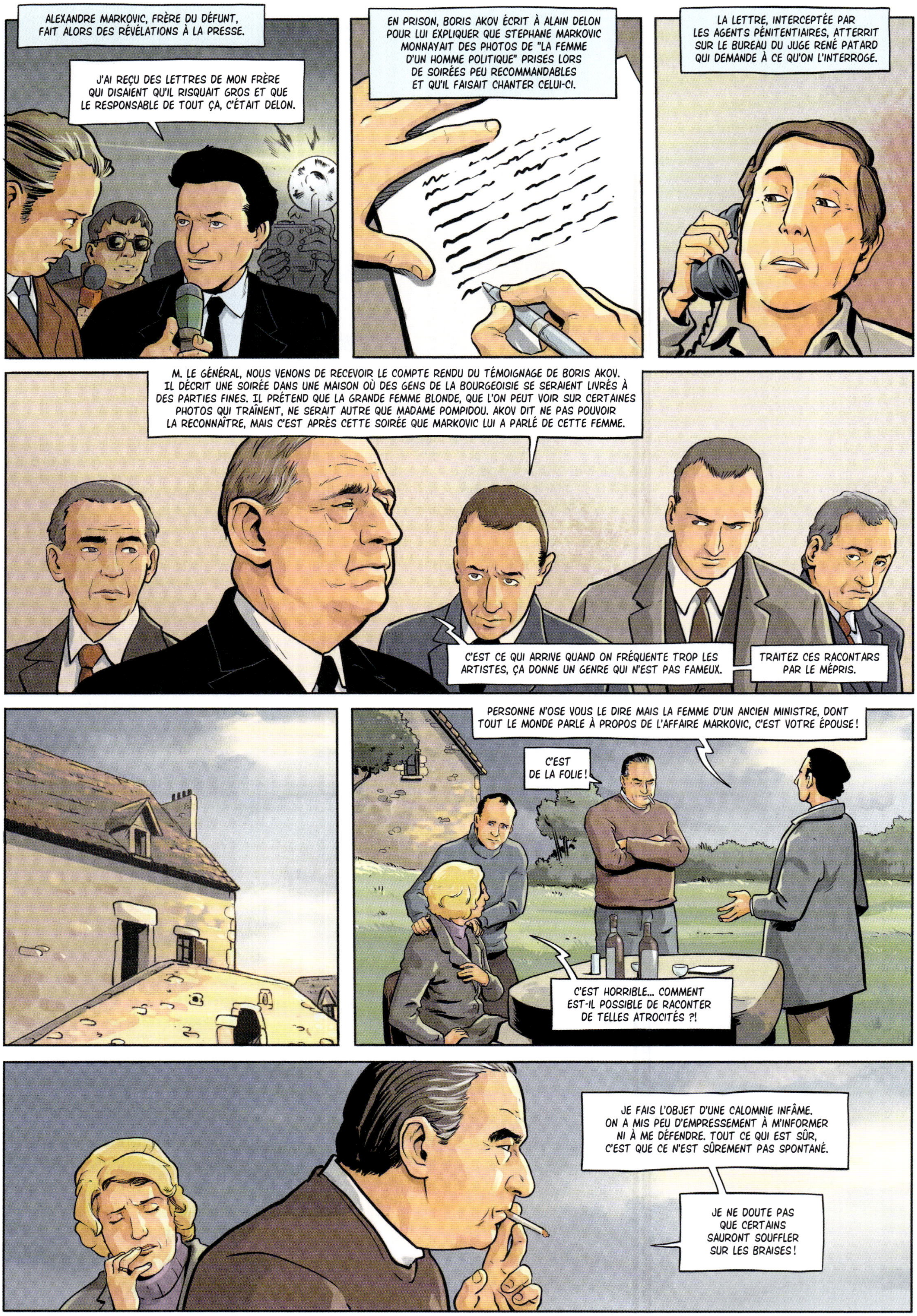
ALEXANDRE MARKOVIC, FRÈRE DU DÉFUNT, FAIT ALORS DES RÉVÉLATIONS À LA PRESSE.
J'AI REÇU DES LETTRES DE MON FRÈRE QUI DISAIENT QU'IL RISQUAIT GROS ET QUE LE RESPONSABLE DE TOUT ÇA, C'ÉTAIT DELON.
EN PRISON, BORIS AKOV ÉCRIT À ALAIN DELON POUR LUI EXPLIQUER QUE STEPHANE MARKOVIC MONNAYAIT DES PHOTOS DE "LA FEMME D'UN HOMME POLITIQUE" PRISES LORS DE SOIRÉES PEU RECOMMANDABLES ET QU'IL FAISAIT CHANTER CELUI-CI.
LA LETTRE, INTERCEPTÉE PAR LES AGENTS PÉNITENTIAIRES, ATTERRIT SUR LE BUREAU DU JUGE RENÉ PATARD QUI DEMANDE À CE QU'ON L'INTERROGE.
M. LE GÉNÉRAL, NOUS VENONS DE RECEVOIR LE COMPTE RENDU DU TÉMOIGNAGE DE BORIS AKOV. IL DÉCRIT UNE SOIRÉE DANS UNE MAISON OÙ DES GENS DE LA BOURGEOISIE SE SERAIENT LIVRÉS À DES PARTIES FINES. IL PRÉTEND QUE LA GRANDE FEMME BLONDE, QUE L'ON PEUT VOIR SUR CERTAINES PHOTOS QUI TRAÎNENT, NE SERAIT AUTRE QUE MADAME POMPIDOU. AKOV DIT NE PAS POUVOIR LA RECONNAÎTRE, MAIS C'EST APRÈS CETTE SOIRÉE QUE MARKOVIC LUI A PARLÉ DE CETTE FEMME.
C'EST CE QUI ARRIVE QUAND ON FRÉQUENTE TROP LES ARTISTES, ÇA DONNE UN GENRE QUI N'EST PAS FAMEUX.
TRAITEZ CES RACONTARS PAR LE MÉPRIS.
PERSONNE N'OSE VOUS LE DIRE MAIS LA FEMME D'UN ANCIEN MINISTRE, DONT TOUT LE MONDE PARLE À PROPOS DE L'AFFAIRE MARKOVIC, C'EST VOTRE ÉPOUSE !
C'EST DE LA FOLIE !
C'EST HORRIBLE... COMMENT EST-IL POSSIBLE DE RACONTER DE TELLES ATROCITÉS ?!
JE FAIS L'OBJET D'UNE CALOMNIE INFÂME. ON A MIS PEU D'EMPRESSEMENT À M'INFORMER NI À ME DÉFENDRE. TOUT CE QUI EST SÛR, C'EST QUE CE N'EST SÛREMENT PAS SPONTANÉ.
JE NE DOUTE PAS QUE CERTAINS SAURONT SOUFFLER SUR LES BRAISES !

COMMENT L'ÉLYSÉE A PU ME TENIR DANS L'IGNORANCE ? ET SURTOUT, POURQUOI RENÉ CAPITANT A LAISSÉ CETTE RUMEUR DÉSHONORANTE, BASÉE SUR LES PAROLES D'UN VOYOU, SE PROPAGER ? IL EST LE GARDE DES SCEAUX TOUT DE MÊME !
LA RUMEUR ENFLE, ELLE PARLE DE PHOTOS COMPROMETTANTES. LES MAGAZINES AMÉRICAINS PROMETTENT UNE PRIME À QUI LEUR FOURNIRAIT LES PHOTOS...
QUE PEUT-ON FAIRE ?
C'EST LA PREUVE D'UN COMPLOT CONTRE MOI. ILS VEULENT M'EMPÊCHER DE ME PRÉSENTER À LA PRÉSIDENTIELLE. ILS NE L'EMPORTERONT PAS AUSSI FACILEMENT ! JE DOIS M'EN ALLER POUR ROME, JE LEUR RÉSERVE UNE SURPRISE.
Le conflit israélo-arabe
Le projet français de rencontre à quatre suscite à l'O.N.U. un vif intérêt
DANS UNE DÉCLARATION FAITE A ROME
M. Georges Pompidou annonce qu'il briguera le moment venu la succession du général de Gaulle
IL VEUT SE PRÉSENTER...
J'AI ÉTÉ RÉÉLU PRÉSIDENT DE LA RÉPUBLIQUE POUR 7 ANS PAR LE PEUPLE FRANÇAIS ET J'AI BIEN L'INTENTION DE REMPLIR CE MANDAT JUSQU'À SON TERME.

À L'ASSEMBLÉE NATIONALE.
GEORGES, LE PRÉSIDENT EST FURIEUX DE TON ANNONCE. IL AURAIT ÉTÉ PRÉFÉRABLE QUE TU ATTENDES UN PEU.
J'AI REÇU UN JOURNALISTE À MA CHAMBRE D'HÔTEL À ROME QUI M'A DEMANDÉ SI UN JOUR JE SERAI CANDIDAT À L'ÉLECTION PRÉSIDENTIELLE. J'AI DIT OUI, MAIS LE JOUR OÙ LE PROBLÈME SE POSERA... LOIN DE MOI L'INTENTION DE VOULOIR FAIRE ABDIQUER LE GÉNÉRAL. MAIS PASSONS...
IL Y A DU NOUVEAU SUR L'AFFAIRE ?
ON A ARRÊTÉ FRANÇOIS MACCANTONI À CANNES, C'EST UNE FIGURE DU MILIEU ET IL SERAIT PROCHE DE DELON. IL EST LIÉ À CETTE HISTOIRE. IL A ÉTÉ TRANSFÉRÉ À LA PRISON DE VERSAILLES OÙ IL SERA INTERROGÉ.
ALEXANDRE MARKOVIC PRÉTEND MAINTENANT AVOIR DÎNÉ AVEC VOUS CHEZ LES DELON. SON FRÈRE STEPHAN AURAIT ÉTÉ PRÉSENT LUI AUSSI. IL PRÉTEND QUE LE DÎNER S'EST FAIT DANS LA CUISINE. IL AURAIT MÊME DESSINÉ UN PLAN DE TABLE.
QUELLES BÊTISES, NOUS NE SOMMES JAMAIS ALLÉS CHEZ LES DELON. JUSQU'OÙ IRA CETTE FUMISTERIE.
GEORGES... TU VAS ÊTRE CONVOQUÉ PAR LES JUGES.
SON ANCIEN PREMIER MINISTRE CONVOQUÉ PAR LES JUGES D'INSTRUCTION, DE GAULLE SENT LES CHOSES ALLER TROP LOIN. IL ANNONCE OFFICIELLEMENT INVITER LES POMPIDOU À DÎNER À L'ÉLYSÉE DANS LE BUT DE RÉHABILITER L'INTÉGRITÉ DU COUPLE.
APRÈS LE DÎNER LES ÉCHANGES SONT TENDUS MAIS, CONSCIENT DE LA MARCHE DES CHOSES, DE GAULLE INVITE POMPIDOU À SE TENIR PRÊT POUR TOUT MANDAT QUE LA NATION POURRAIT UN JOUR LUI CONFIER.

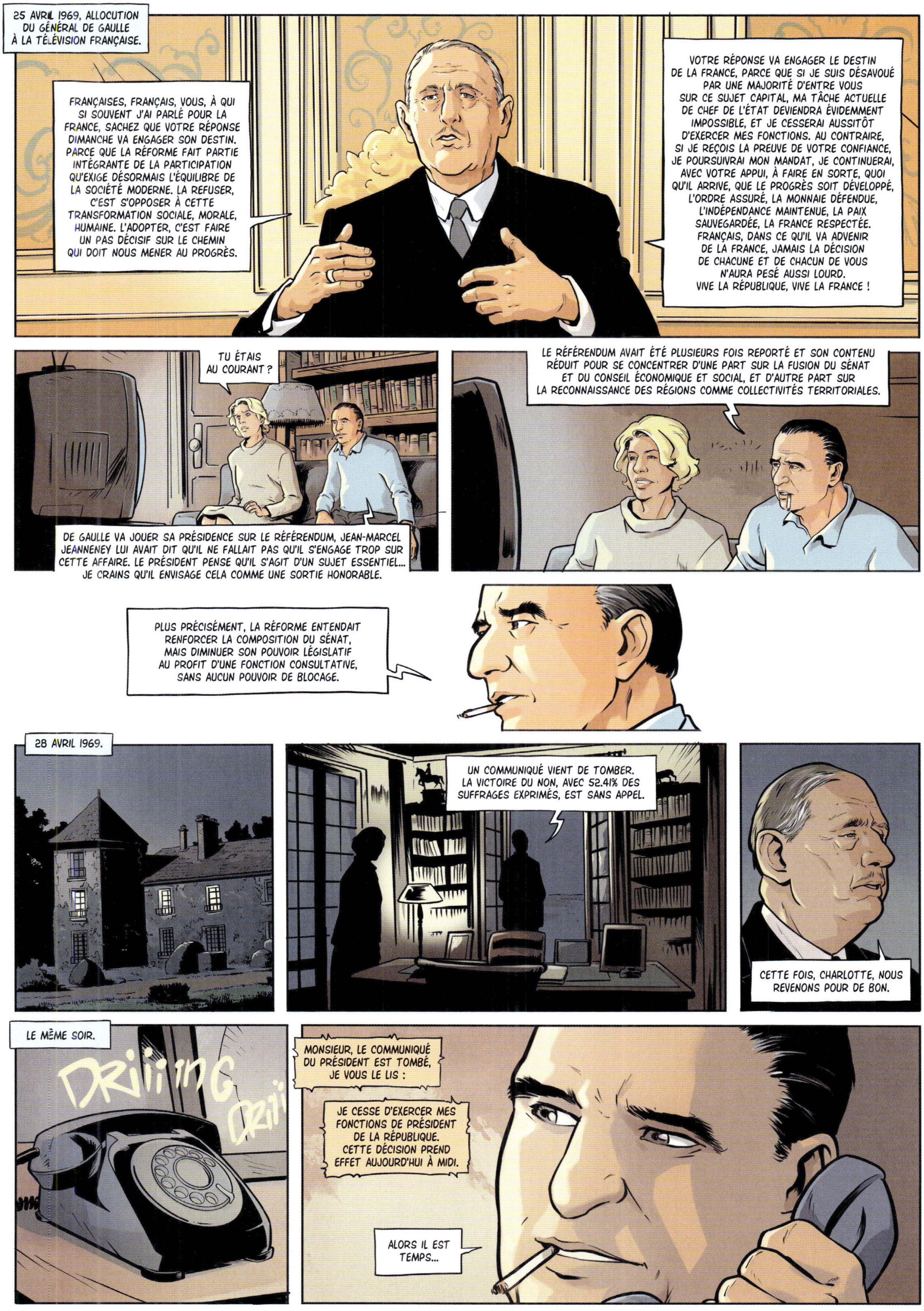
25 AVRIL 1969, ALLOCUTION DU GÉNÉRAL DE GAULLE À LA TÉLÉVISION FRANÇAISE.
FRANÇAISES, FRANÇAIS, VOUS, À QUI SI SOUVENT J'AI PARLÉ POUR LA FRANCE, SACHEZ QUE VOTRE RÉPONSE DIMANCHE VA ENGAGER SON DESTIN. PARCE QUE LA RÉFORME FAIT PARTIE INTÉGRANTE DE LA PARTICIPATION QU'EXIGE DÉSORMAIS L'ÉQUILIBRE DE LA SOCIÉTÉ MODERNE. LA REFUSER, C'EST S'OPPOSER À CETTE TRANSFORMATION SOCIALE, MORALE, HUMAINE. L'ADOPTER, C'EST FAIRE UN PAS DÉCISIF SUR LE CHEMIN QUI DOIT NOUS MENER AU PROGRÈS.
VOTRE RÉPONSE VA ENGAGER LE DESTIN DE LA FRANCE, PARCE QUE SI JE SUIS DÉSAVOUÉ PAR UNE MAJORITÉ D'ENTRE VOUS SUR CE SUJET CAPITAL, MA TÂCHE ACTUELLE DE CHEF DE L'ÉTAT DEVIENDRA ÉVIDEMMENT IMPOSSIBLE, ET JE CESSERAI AUSSITÔT D'EXERCER MES FONCTIONS. AU CONTRAIRE, SI JE REÇOIS LA PREUVE DE VOTRE CONFIANCE, JE POURSUIVRAI MON MANDAT, JE CONTINUERAI, AVEC VOTRE APPUI, À FAIRE EN SORTE, QUOI QU'IL ARRIVE, QUE LE PROGRÈS SOIT DÉVELOPPÉ, L'ORDRE ASSURÉ, LA MONNAIE DÉFENDUE, L'INDÉPENDANCE MAINTENUE, LA PAIX SAUVEGARDÉE, LA FRANCE RESPECTÉE. FRANÇAIS, DANS CE QU'IL VA ADVENIR DE LA FRANCE, JAMAIS LA DÉCISION DE CHACUNE ET DE CHACUN DE VOUS N'AURA PESÉ AUSSI LOURD. VIVE LA RÉPUBLIQUE, VIVE LA FRANCE !
TU ÉTAIS AU COURANT ?
DE GAULLE VA JOUER SA PRÉSIDENCE SUR LE RÉFÉRENDUM, JEAN-MARCEL JEANNENEY LUI AVAIT DIT QU'IL NE FALLAIT PAS QU'IL S'ENGAGE TROP SUR CETTE AFFAIRE. LE PRÉSIDENT PENSE QU'IL S'AGIT D'UN SUJET ESSENTIEL... JE CRAINS QU'IL ENVISAGE CELA COMME UNE SORTIE HONORABLE.
LE RÉFÉRENDUM AVAIT ÉTÉ PLUSIEURS FOIS REPORTÉ ET SON CONTENU RÉDUIT POUR SE CONCENTRER D'UNE PART SUR LA FUSION DU SÉNAT ET DU CONSEIL ÉCONOMIQUE ET SOCIAL, ET D'AUTRE PART SUR LA RECONNAISSANCE DES RÉGIONS COMME COLLECTIVITÉS TERRITORIALES.
PLUS PRÉCISÉMENT, LA RÉFORME ENTENDAIT RENFORCER LA COMPOSITION DU SÉNAT, MAIS DIMINUER SON POUVOIR LÉGISLATIF AU PROFIT D'UNE FONCTION CONSULTATIVE, SANS AUCUN POUVOIR DE BLOCAGE.
28 AVRIL 1969.
UN COMMUNIQUÉ VIENT DE TOMBER. LA VICTOIRE DU NON, AVEC 52.41% DES SUFFRAGES EXPRIMÉS, EST SANS APPEL.
CETTE FOIS, CHARLOTTE, NOUS REVENONS POUR DE BON.
LE MÊME SOIR.
DRIIING
DRIII
MONSIEUR, LE COMMUNIQUÉ DU PRÉSIDENT EST TOMBÉ, JE VOUS LE LIS :
JE CESSE D'EXERCER MES FONCTIONS DE PRÉSIDENT DE LA RÉPUBLIQUE. CETTE DÉCISION PREND EFFET AUJOURD'HUI À MIDI.
ALORS IL EST TEMPS...

GEORGES POMPIDOU MÈNE UNE CAMPAGNE DE GRANDE ENVERGURE. IL SILLONNE LE PAYS EN TRAIN, EN VOITURE, EN AVION, IL PARCOURT DES MILLIERS DE KILOMÈTRES POUR RENCONTRER LES ÉLECTEURS, SERRER DES MAINS ET CLAMER SON PROGRAMME.
LA CAMPAGNE BAT SON PLEIN.
LES MILITANTS COLLENT DES AFFICHES SUR LES MURS DE LA FRANCE.
POMPIDOU
CHAQUE, JOUR, LE CANDIDAT GAULLISTE TIENT PLUSIEURS MEETINGS.
VOUS SOUH... LA B...UE.
POMPIDOU
avec la France pour les Français
POMPIDOU
ON S'INTERROGE SUR CELUI QUI PRENDRA LA PLACE À LA TÊTE DU PAYS.
J'AI L'INTENTION DE MAINTENIR LA DIGNITÉ ET L'INDÉPENDANCE DE LA FRANCE SUR LESQUELLES REPOSENT NOTRE PAIX D'ABORD, MAIS AUSSI POUR ME PENCHER SUR LES DIFFICULTÉS QUOTIDIENNES, LES PRÉOCCUPATIONS DE CHAQUE FOYER. IL FAUT RÉALISER UNE EXPANSION RAPIDE PERMETTANT DE DÉVELOPPER LA JUSTICE SOCIALE, D'ASSURER L'EMPLOI, DE DÉFENDRE LA MONNAIE. IL FAUT FAIRE UNE FRANCE MODERNE ET EN MÊME TEMPS NE PAS OUBLIER QUE LA SOLIDARITÉ NATIONALE DOIT JOUER POUR LES RÉGIONS DÉSHÉRITÉES, LES CATÉGORIES DÉFAVORISÉES.
FRANÇAIS, FRANÇAISES, JE SUIS UN DÉMOCRATE, JE CROIS ÊTRE HUMAIN ET LIBÉRAL, JE CROIS AUSSI - ET JE LE DIS SANS VANITÉ, SOYEZ-EN SÛRS - ÊTRE CAPABLE DE FERMETÉ ET L'AVOIR PROUVÉ POUR PRÉPARER DES LENDEMAINS QUI PEUVENT ÊTRE, QUI DOIVENT ÊTRE HEUREUX MAIS QUI PEUVENT ÊTRE DANGEREUX. J'AI L'HONNEUR DE SOLLICITER VOS SUFFRAGES .
POMPIDOU
POMPIDOU
LE PREMIER TOUR PASSÉ, LE SECOND TOUR DE L'ÉLECTION PRÉSIDENTIELLE. DE 1969 VOIT S'AFFRONTER ALAIN POHER ET GEORGES POMPIDOU.

LE DÉPUTÉ DU CANTAL ET ANCIEN PREMIER MINISTRE PARTICIPE AUSSI À DE NOMBREUSES INTERVIEWS À LA RADIO ET À LA TÉLÉVISION.
M. GEORGES POMPIDOU, VOUS VOICI FACE À LA BATAILLE DÉCISIVE DE L'ÉLECTION PRÉSIDENTIELLE. VOUS ALLEZ AFFRONTER CE SECOND TOUR AVEC L'APPUI DE 10 MILLIONS DE FRANÇAIS ET FRANÇAISES QUI VOUS ONT APPORTÉ LEUR VOTE AU PREMIER TOUR. MAINTENANT, IL VA VOUS FALLOIR CONVAINCRE.
LES FRANÇAIS DANS LEUR ENSEMBLE ME PARAISSENT MARQUER LEUR VOLONTÉ D'ALLER DE L'AVENIR ET NON PAS DE RETOURNER VERS LE PASSÉ.
JE DOIS LES CONVAINCRE D'AVOIR UNE MAJORITÉ MASSIVE AFIN DE BÉNÉFICIER D'UNE AUTORITÉ SUFFISANTE POUR DÉFENDRE LA FRANCE ET L'INTÉRÊT DES FRANÇAIS.
M. POMPIDOU, VOUS ÊTES ACTUELLEMENT DÉPUTÉ DU CANTAL. POUVEZ-VOUS NOUS PARLER DE CETTE BELLE RÉGION ?
JE SUIS MOI-MÊME CANTALIEN DE NAISSANCE. JE SUIS NÉ LE 5 JUILLET 1911 À MONTBOUDIF, UN PETIT VILLAGE PLEIN DE CHARME.
HOTEL
CENTRE TISSANDIER
MON GRAND-PÈRE Y AVAIT UNE FERME ET MES PARENTS ENSEIGNAIENT À AURILLAC AVANT DE PARTIR À ALBI.

MÊME SI LA VIE M'EN A ÉLOIGNÉ ASSEZ TÔT, UN LIEN CHARNEL DEMEURE. J'Y AI APPRIS LES LEÇONS DE DROITURE, D'HONNÊTETÉ ET DE TRAVAIL. ET QUAND, LYCÉEN OU ÉTUDIANT, JE REVENAIS PASSER MES VACANCES DANS MON PAYS, JE RESSENTAIS UN PETIT CHOC AU CŒUR QUAND ON ANNONÇAIT LA GARE DE CONDAT-SAINT-AMANDIN. JE SAVAIS QUE JE N'ÉTAIS PAS LOIN DE CHEZ MOI. MON CHER CANTAL ÉTAIT LÀ.
JE ME PLAISAIS À ARPENTER SES PUYS, À PÊCHER DANS LES RUISSEAUX ET À NAGER DANS LES LACS.
JE ME RAPPELLE LES PROMENADES AVEC MA MÈRE SUR LE PLATEAU QUI DOMINE LE VILLAGE OÙ L'ON Y DÉCOUVRE AU NORD TOUTE LA CHAÎNE DU SANCY, AU SUD LES MONTS DU CANTAL. C'EST MAGNIFIQUE.
VOUS AVEZ L'AIR TRÈS ATTACHÉ À VOTRE RÉGION EN EFFET. POUVEZ-VOUS MAINTENANT NOUS DIRE QUELQUES MOTS SUR VOTRE PROGRAMME ?
LE CANTALIEN QUE JE SUIS, SENT QU'IL Y A DANS CHAQUE FRANÇAIS UN DÉRACINÉ INQUIET. UNE CRAINTE DE CE QUE SERA LA VIE DE CES ENFANTS INNOMBRABLES DONT, IL Y A UN AN, TOUT LE MONDE A ENTENDU LES CLAMEURS. UNE PEUR DU CHÔMAGE ET SURTOUT DE REVENIR À LA GRANDE PÉNURIE DE LA GUERRE ET DE L'APRÈS-GUERRE.
DANS CETTE CAMPAGNE, JE VOUDRAIS M'ÉLEVER AU-DESSUS DES PARTIS, AU-DESSUS DES QUERELLES DE PERSONNES ET JE VOUDRAIS DÉFINIR LES GRANDS THÈMES QUI SONT CEUX DE LA POLITIQUE DE LA FRANCE. IL VA DE SOI QUE J'ATTACHE UNE PRIORITÉ AUX PROBLÈMES ÉCONOMIQUES ET SOCIAUX AUSSI BIEN QU'À LA DIGNITÉ DE TOUS LES FRANÇAIS.
BEAUCOUP DE CES ÉLECTEURS SE RENDRONT COMPTE DE L'IMPORTANCE DE CHOISIR CE QUE JE REPRÉSENTE.

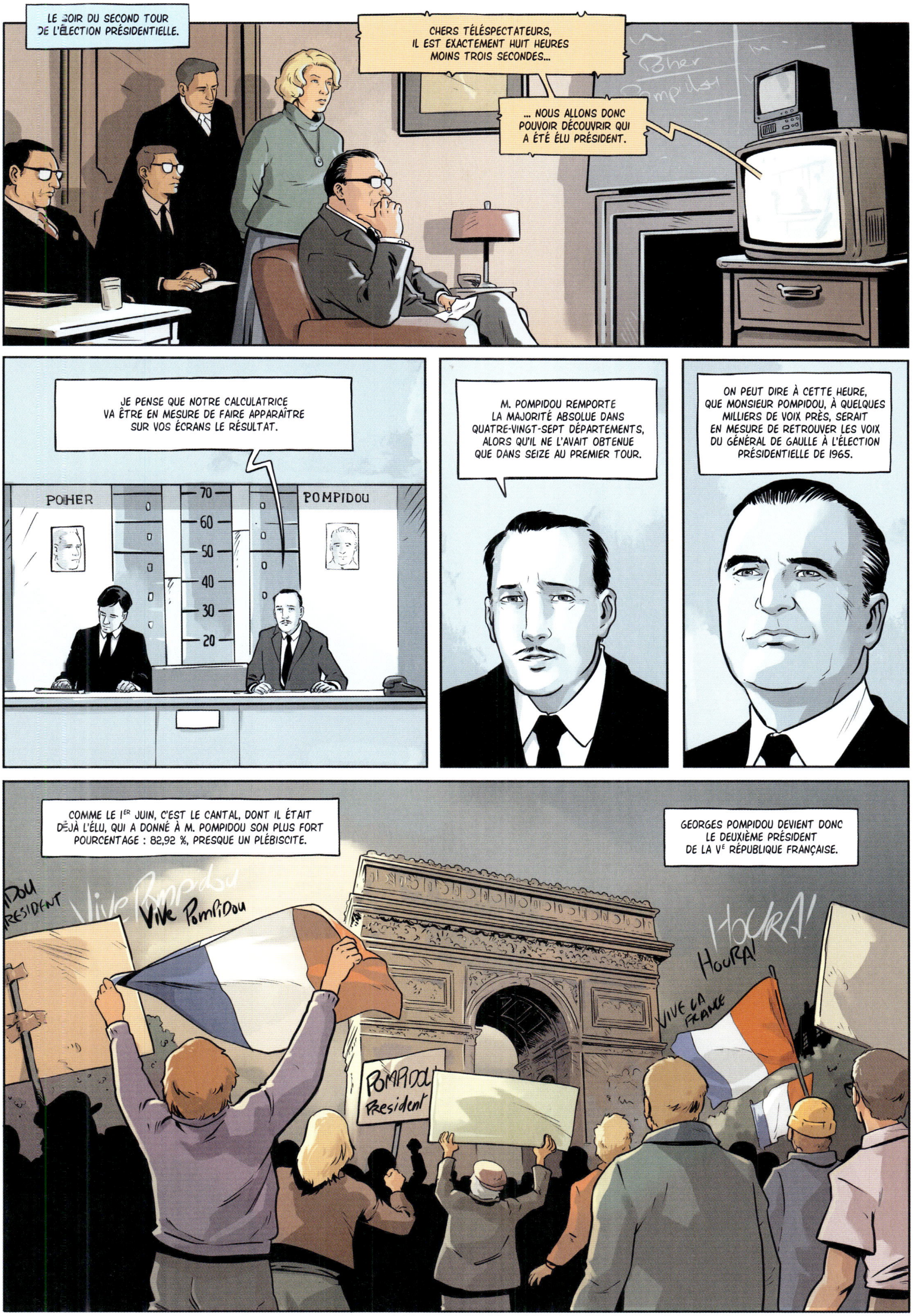
LE SOIR DU SECOND TOUR DE L'ÉLECTION PRÉSIDENTIELLE.
CHERS TÉLÉSPECTATEURS, IL EST EXACTEMENT HUIT HEURES MOINS TROIS SECONDES...
... NOUS ALLONS DONC POUVOIR DÉCOUVRIR QUI A ÉTÉ ÉLU PRÉSIDENT.
JE PENSE QUE NOTRE CALCULATRICE VA ÊTRE EN MESURE DE FAIRE APPARAÎTRE SUR VOS ÉCRANS LE RÉSULTAT.
POHER
POMPIDOU
70
60
50
40
30
20
M. POMPIDOU REMPORTE LA MAJORITÉ ABSOLUE DANS QUATRE-VINGT-SEPT DÉPARTEMENTS, ALORS QU'IL NE L'AVAIT OBTENUE QUE DANS SEIZE AU PREMIER TOUR.
ON PEUT DIRE À CETTE HEURE, QUE MONSIEUR POMPIDOU, À QUELQUES MILLIERS DE VOIX PRÈS, SERAIT EN MESURE DE RETROUVER LES VOIX DU GÉNÉRAL DE GAULLE À L'ÉLECTION PRÉSIDENTIELLE DE 1965.
COMME LE 1ER JUIN, C'EST LE CANTAL, DONT IL ÉTAIT DÉJÀ L'ÉLU, QUI A DONNÉ À M. POMPIDOU SON PLUS FORT POURCENTAGE : 82,92 %, PRESQUE UN PLÉBISCITE.
GEORGES POMPIDOU DEVIENT DONC LE DEUXIÈME PRÉSIDENT DE LA VE RÉPUBLIQUE FRANÇAISE.
VIVE POMPIDOU
VIVE POMPIDOU
HOURA!
HOURA!
VIVE LA FRANCE
POMPIDOU President

FIAT
LAOS GARAGE
GEORGES POMPIDOU PREND SES FONCTIONS A L'ÉLYSÉE
EN CE JOUR DU 20 JUIN 1969, LE NOUVEAU PRÉSIDENT DE LA FRANCE EST CONDUIT PAR LA DS PRÉSIDENTIELLE DU SIÈGE DE SA CAMPAGNE, BOULEVARD DE LA TOUR-MAUBOURG, AU PALAIS DE L'ÉLYSÉE.
BALLY
SUITE À L'ÉLECTION ANTICIPÉE APRÈS LA VICTOIRE DU NON AU RÉFÉRENDUM SUR LA CRÉATION DES RÉGIONS ET LA RÉFORME DU SÉNAT, M. GEORGES POMPIDOU DEVIENT LE PRÉSIDENT DE LA RÉPUBLIQUE FRANÇAISE.
C'EST ALAIN POHER QUI, AYANT ASSURÉ L'INTÉRIM SUITE À LA DÉMISSION DE CHARLES DE GAULLE, ACCUEILLE M. POMPIDOU DEPUIS LES MARCHES DU PALAIS, ET L'ENTRAÎNE JUSQU'À LA SALLE DES FÊTES.
AU MOMENT OÙ, DÉSIGNÉ PAR LE PEUPLE FRANÇAIS POUR EXERCER LA CHARGE DE PRÉSIDENT DE LA RÉPUBLIQUE, J'EN PRENDS OFFICIELLEMENT POSSESSION, J'ÉVOQUERAI D'ABORD LA PERSONNE DU GÉNÉRAL DE GAULLE.
C'EST LUI QUI A DOTÉ NOTRE PAYS D'INSTITUTIONS GRÂCE AUXQUELLES NOUS AVONS, PENDANT DIX ANNÉES, CONNU LA STABILITÉ POLITIQUE, DOMINÉ PLUSIEURS CRISES D'UNE EXTRÊME GRAVITÉ, ET POUR FINIR ASSURÉ SANS SECOUSSES LA TRANSMISSION DES POUVOIRS PRÉSIDENTIELS. MON DEVOIR M'EST TRACÉ PAR SON EXEMPLE, COMME IL M'EST DICTÉ PAR LA CONFIANCE QUE M'A MANIFESTÉE LE PAYS. J'AI LA FERME INTENTION DE LE REMPLIR DANS LE STRICT RESPECT DE LA CONSTITUTION DE LA Vᵉ RÉPUBLIQUE ET AVEC LA VOLONTÉ DE MAINTENIR LA DIGNITÉ DE LA FRANCE.
C'EST DANS CET ESPRIT QUE JE VOUS ASSURE DE TOUTE MA CONSIDÉRATION ET DE MA CONFIANCE.
VIVE LA RÉPUBLIQUE. VIVE LA FRANCE !

TROUVANT QUE LA RÉSIDENCE PRÉSIDENTIELLE ÉTAIT UN PEU VIEILLOTTE, LE COUPLE POMPIDOU ENTREPREND DE MODERNISER UN PEU LA DÉCORATION DU PALAIS DE L'ÉLYSÉE.
TU AS FAIT UN MERVEILLEUX TRAVAIL BIBICHE. ÇA VA ÊTRE SUPERBE !
MERCI DE M'AVOIR FAIT ENTIÈREMENT CONFIANCE POUR LES TRAVAUX. CE LIEU ÉTAIT VRAIMENT TROP AUSTÈRE. NOUS SERONS LES PREMIERS À INTRODUIRE LA MODERNITÉ DANS LE PALAIS DE L'ÉLYSÉE.
NOUS AVONS CONFIÉ À PIERRE PAULIN L'AMÉNAGEMENT DES APPARTEMENTS PRIVÉS DU PALAIS.
J'AI CHOISI DE DÉCORER LES APPARTEMENTS PRIVÉS AVEC UNE SCULPTURE D'HANS ARP ET DES TABLEAUX DE GIACOMETTI, D'ERNST OU DE NICOLAS DE STAËL. NOUS MEUBLERONS AVEC DES PIÈCES COMMANDÉES AU MOBILIER NATIONAL ET D'AUTRES DE MIES VAN DER ROHE, SAARINEN ET UNE TRÈS BELLE TABLE SIGNÉE D'YVES KLEIN...
...ET POUR L'ANTICHAMBRE, L'ARTISTE AGAM A RÉALISÉ, SPÉCIALEMENT POUR L'ÉLYSÉE, UNE INSTALLATION QUI COMPREND TROIS MURS ET UN PLAFOND LUMINEUX, SIX PANNEAUX COULISSANTS EN TRANSACRYL COLORÉ, UNE SCULPTURE EN ACIER POLI INTITULÉE "TRIANGLE VOLANT" ET UN TAPIS.
C'EST SPLENDIDE !

CHICAGO, 29 FÉVRIER 1970.
SHAME FOR FRANCE
FRANCE WORKING FOR RUSSIA
VIVE LA NATION JUIVE
LA FRANCE VENANT DE LIVRER DES AVIONS MIRAGE À LA LIBYE A DÉCLENCHÉ LA COLÈRE DES PRO-ISRAÉLIENS.
HOW MANY LIBYANS DIED FREEING FRANCE IN WORLD WAR II ?
UNE RÉCEPTION EST PRÉVUE EN LEUR HONNEUR DANS UN GRAND HÔTEL DE LA VILLE EN FIN DE JOURNÉE, AU PIED DU PALMER HOUSE DEVANT LEQUEL 8 000 MANIFESTANTS S'ÉTAIENT RÉUNIS. LE GOUVERNEMENT AMÉRICAIN N'AYANT PAS ANTICIPÉ LES RISQUES, LE SERVICE DE SÉCURITÉ A ÉTÉ VITE DÉPASSÉ.
POMPIDOU, GO AWAY !!
NATION JUIVE
SHAME ON YOU !!
FRANCE WORKING FOR RUSSIA
ARRIVÉ DANS LA SALLE DE RÉCEPTION, POMPIDOU BOUILLONNE DE COLÈRE MAIS ESSAIE DE FAIRE BONNE FIGURE MALGRÉ LES AGRESSIONS QU'A SUBIES LE COUPLE PRÉSIDENTIEL.
MAIS SANS DOUTE FAUT-IL QUE JE VOUS PARLE UN PEU DE LA FRANCE. NOUS CHERCHONS, DANS CETTE AFFAIRE, LA PAIX DANS NOTRE INTÉRÊT, DANS L'INTÉRÊT DE LA ZONE MÉDITERRANÉENNE ET DANS L'INTÉRÊT GÉNÉRAL.

FAIRMONT HOTEL, CHICAGO.
C'EST INSENSÉ, LES AUTORITÉS SAVAIENT QU'IL Y AURAIT DES MANIFESTANTS ET ILS N'ONT PRESQUE RIEN PRÉVU AU NIVEAU DE LA SÉCURITÉ. JE VAIS METTRE UN TERME À CE VOYAGE OFFICIEL. ON NE PEUT PAS TRAITER UN RESPONSABLE POLITIQUE DE LA SORTE, C'EST COMPLÈTEMENT IRRESPECTUEUX !
SUR L'INSISTANCE DE NIXON QUI PROPOSE DE VENIR PRÉSENTER SES EXCUSES EN PERSONNE...
...POMPIDOU ACCEPTE DE POURSUIVRE SON VOYAGE JUSQU'À NEW YORK.
C'EST LA PREMIÈRE FOIS DANS L'HISTOIRE DES ÉTATS-UNIS, QUE LE PRÉSIDENT DE LA RÉPUBLIQUE REMPLACE LE VICE-PRÉSIDENT.
J'AURAIS AIMÉ PARLER MIEUX LE FRANÇAIS, MAIS AU MOINS, JE PEUX DIRE : VIVE LA FRANCE, VIVE LE PRÉSIDENT POMPIDOU, LEVONS NOS VERRES AU PRÉSIDENT DE LA FRANCE !
MONSIEUR LE PRÉSIDENT DES ÉTATS-UNIS, VOTRE PRÉSENCE, ICI CE SOIR À CE DÎNER, EST POUR MOI, MA FEMME, POUR CEUX QUI M'ACCOMPAGNENT, POUR LA FRANCE, UN TRÈS GRAND HONNEUR ET UNE TRÈS GRANDE JOIE.
J'AI FAIT UNE ERREUR, J'AI PRÉVU DES SÉJOURS TROP LONGS... PRESQUE UNE SEMAINE... C'EST BEAUCOUP TROP. JE NE RECOMMENCERAI PLUS.

LE 9 NOVEMBRE 1970, À QUELQUES JOURS DE SES 80 ANS, LE GÉNÉRAL EST FOUDROYÉ PAR UNE RUPTURE D'ANÉVRISME DANS SA RÉSIDENCE DE COLOMBEY-LES-DEUX-ÉGLISES.
DE LA MANCHE
LA MORT DU GENERAL DE GAULLE
L'ancien Chef de l'Etat a succombé lundi
LE 12 NOVEMBRE, DEUX FUNÉRAILLES SE DÉROULENT LE MÊME JOUR POUR RENDRE HOMMAGE AU DISPARU. CONFORMÉMENT AUX VOLONTÉS DE DE GAULLE, UN SERVICE, EMPREINT DE SOBRIÉTÉ, A LIEU À COLOMBEY-LES-DEUX-ÉGLISES. UN PUBLIC RESTREINT, COMPOSÉ DE PROCHES, Y ASSISTE, ALORS QUE DES MILLIERS DE PERSONNES BORDENT LES RUES.
LA MÊME JOURNÉE, LA CATHÉDRALE NOTRE-DAME DE PARIS EST BONDÉE POUR DES FUNÉRAILLES D'ENVERGURE. LA CLASSE POLITIQUE FRANÇAISE Y EST REPRÉSENTÉE. LA STATURE INTERNATIONALE DU PRÉSIDENT DÉCÉDÉ SE REFLÈTE ÉGALEMENT DANS LA PRÉSENCE DE PLUS DE 80 CHEFS D'ÉTAT ET DE GOUVERNEMENT.
FRANÇAISES, FRANÇAIS, LE GÉNÉRAL DE GAULLE EST MORT, LA FRANCE EST VEUVE...
EN 1940, DE GAULLE A SAUVÉ L'HONNEUR, EN 1944, IL NOUS A CONDUITS À LA LIBÉRATION ET À LA VICTOIRE, EN 1958, IL NOUS A ÉPARGNÉ LA GUERRE CIVILE, IL A DONNÉ À LA FRANCE ACTUELLE SES INSTITUTIONS, SON INDÉPENDANCE, SA PLACE DANS LE MONDE.
EN CETTE HEURE DE DEUIL POUR LA PATRIE, INCLINONS-NOUS DEVANT LA DOULEUR DE MME DE GAULLE, DE SES ENFANTS, DE SES PETITS-ENFANTS, MESURONS LES DEVOIRS QUE NOUS IMPOSE LA RECONNAISSANCE, PROMETTONS À LA FRANCE DE N'ÊTRE PAS INDIGNES DES LEÇONS QUI NOUS ONT ÉTÉ DISPENSÉES ET QUE, DANS L'ÂME NATIONALE, DE GAULLE VIVE ÉTERNELLEMENT.

*LIGNE À GRANDE VITESSE.

TU VOIS, J'AI TOUJOURS PENSÉ QU'IL FAUDRAIT FAIRE QUELQUE CHOSE SUR CE PLATEAU BEAUBOURG. UNE GRANDE BIBLIOTHÈQUE AVEC ACCÈS À TOUS, MAIS LE GÉNÉRAL N'ÉTAIT PAS EMBALLÉ PAR L'IDÉE. J'EN AI EU BEAUCOUP DE DÉCEPTION...
À PRÉSENT QUE JE SUIS PRÉSIDENT, JE VAIS LANCER UN GRAND PROJET. ICI MÊME SE TIENDRA BIENTÔT LE PLUS GRAND CENTRE CULTUREL DU MONDE.
L'EMPLACEMENT EST IDÉAL, À DEUX PAS DE L'HÔTEL DE VILLE. PRÈS DE NOTRE-DAME DE PARIS ET À QUELQUES MINUTES À VOL D'OISEAU DU PALAIS DU LOUVRE.
TOUT LE MONDE AURA ACCÈS À LA CULTURE. JE VEUX UN CENTRE D'ART QUI N'EXISTE NULLE PART AILLEURS.
LE CENTRE AURA UNE SUPERFICIE DE 100 000 M² SUR 8 NIVEAUX. IL COMPORTERA UNE BIBLIOTHÈQUE D'INFORMATION, UN MUSÉE D'ART MODERNE, UN CENTRE DE CRÉATION INDUSTRIELLE ET UN INSTITUT DE RECHERCHE ACOUSTIQUE.
AU-DELÀ DE LA VOLONTÉ DE PROVOQUER, L'IDÉE EST DE RENVOYER À LA GRANDE TRADITION ANGLO-SAXONNE DE L'ARCHITECTURE MÉTALLIQUE, À L'OPPOSÉ DE LA FRANCE, OÙ LE BÉTON EST ROI. IL FAUT IMAGINER UN GRAND JEU DE CONSTRUCTION. AU SOUS-SOL DES PARKINGS ET DES SALLES DE SPECTACLE INSONORISÉES.
BEAUBOURG SERA BEAUCOUP PLUS TRANSPARENT QUE LES AUTRES BÂTIMENTS, TOUT SERA STRUCTURE DE MÉTAL ET DE VERRE, LA STRUCTURE DES POTEAUX ET DES TIRANTS.
TOUT SERA VISIBLE DE L'EXTÉRIEUR, LES COULOIRS, LES ESCALIERS, LES ASCENSEURS, LES MONTE-CHARGES, LES SYSTÈMES DE VENTILATION... TOUT EST MONTRÉ ET AFFICHÉ AVEC FIERTÉ.
BLEU POUR L'EAU, VERT POUR L'AIR, JAUNE POUR L'ÉLECTRICITÉ, ROUGE POUR LES CIRCULATIONS, LA MACHINERIE DES MONTE-CHARGES SERA DANS DE GROSSES BOÎTES ROUGES. LES RÉCUPÉRATIONS D'EAU SERONT QUANT À ELLES DANS DE GROS CHAMPIGNONS BLANCS. LA PLACE DEVANT CRÉERA LE VIDE NÉCESSAIRE À L'EXISTENCE D'UN TEL OUVRAGE. C'EST GRÂCE À LA PLACE QUI SERA UN LIEU DE VIE QUE LE CENTRE APPARTIENDRA À LA VILLE.
TRÈS BIEN, TRÈS BIEN. JE COMPTE SUR VOUS, IL FAUT QUE ÇA DURE 500 ANS.

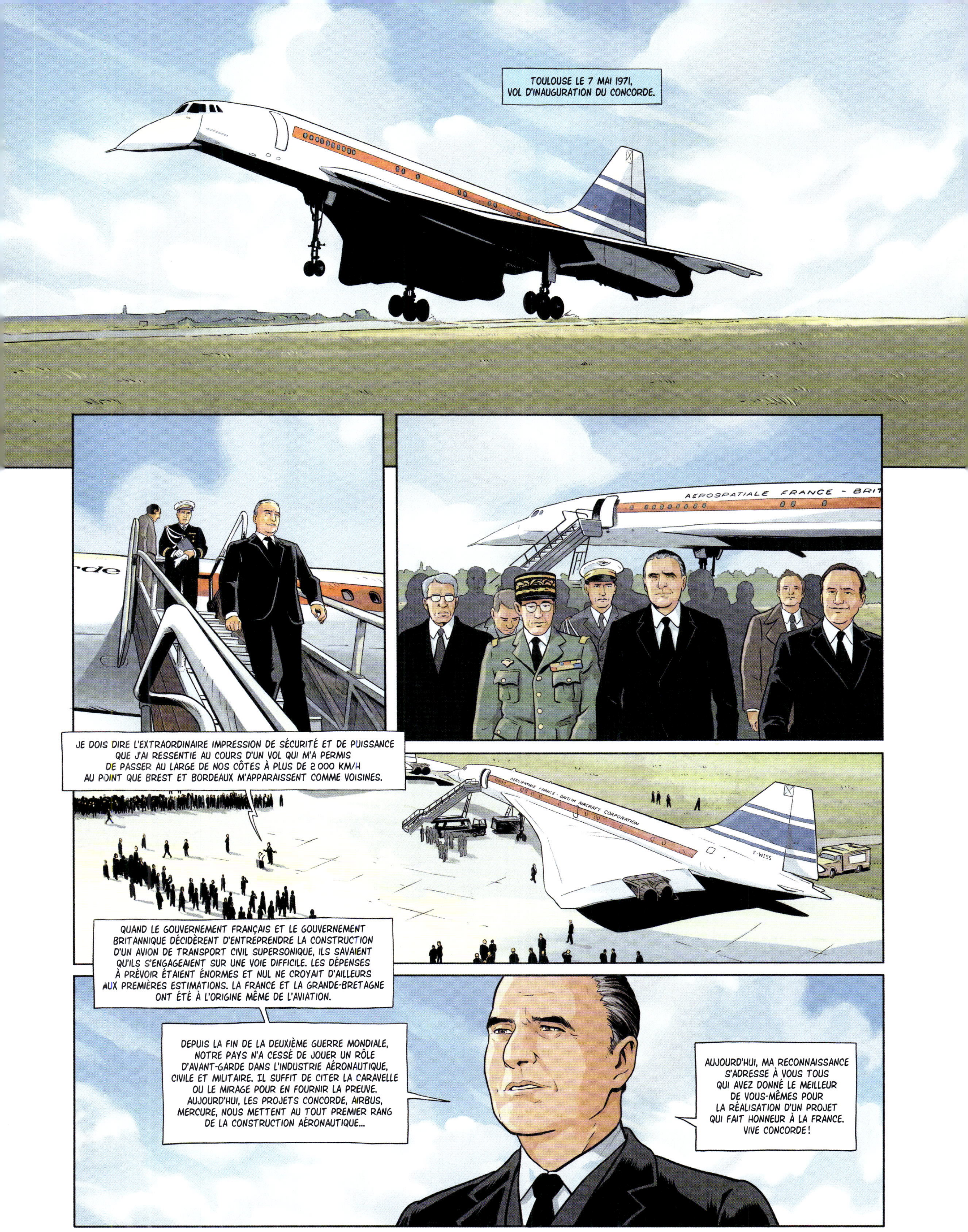
TOULOUSE LE 7 MAI 1971, VOL D'INAUGURATION DU CONCORDE.
JE DOIS DIRE L'EXTRAORDINAIRE IMPRESSION DE SÉCURITÉ ET DE PUISSANCE QUE J'AI RESSENTIE AU COURS D'UN VOL QUI M'A PERMIS DE PASSER AU LARGE DE NOS CÔTES À PLUS DE 2 000 KM/H AU POINT QUE BREST ET BORDEAUX M'APPARAISSENT COMME VOISINES.
QUAND LE GOUVERNEMENT FRANÇAIS ET LE GOUVERNEMENT BRITANNIQUE DÉCIDÈRENT D'ENTREPRENDRE LA CONSTRUCTION D'UN AVION DE TRANSPORT CIVIL SUPERSONIQUE, ILS SAVAIENT QU'ILS S'ENGAGEAIENT SUR UNE VOIE DIFFICILE. LES DÉPENSES À PRÉVOIR ÉTAIENT ÉNORMES ET NUL NE CROYAIT D'AILLEURS AUX PREMIÈRES ESTIMATIONS. LA FRANCE ET LA GRANDE-BRETAGNE ONT ÉTÉ À L'ORIGINE MÊME DE L'AVIATION.
DEPUIS LA FIN DE LA DEUXIÈME GUERRE MONDIALE, NOTRE PAYS N'A CESSÉ DE JOUER UN RÔLE D'AVANT-GARDE DANS L'INDUSTRIE AÉRONAUTIQUE, CIVILE ET MILITAIRE. IL SUFFIT DE CITER LA CARAVELLE OU LE MIRAGE POUR EN FOURNIR LA PREUVE. AUJOURD'HUI, LES PROJETS CONCORDE, AIRBUS, MERCURE, NOUS METTENT AU TOUT PREMIER RANG DE LA CONSTRUCTION AÉRONAUTIQUE...
AUJOURD'HUI, MA RECONNAISSANCE S'ADRESSE À VOUS TOUS QUI AVEZ DONNÉ LE MEILLEUR DE VOUS-MÊMES POUR LA RÉALISATION D'UN PROJET QUI FAIT HONNEUR À LA FRANCE. VIVE CONCORDE !

ORVILLIERS, L'AUTRE MAISON DES POMPIDOU.
LA MAISON BLANCHE
C'EST BON, J'AI FAIT LES EXAMENS DE PAPA. IL VA SE REPOSER UN MOMENT.
JE SUIS TRÈS INQUIÈTE POUR TON PÈRE… IL EST DE PLUS EN PLUS FATIGUÉ, IL A DES DOULEURS DE PARTOUT ET LES GROSSES DOSES DE CORTISONE QU'ON LUI PRESCRIT NE LE SOULAGENT PLUS COMME AVANT.
TOI QUI ES MÉDECIN, TU PEUX ME DIRE CE QU'IL SE PASSE VRAIMENT ? ÇA NE PEUT PAS JUSTE ÊTRE DES GRIPPES À RÉPÉTITION COMME LE DISENT LES DOCTEURS QUI LE SOIGNENT…
ILS T'ONT DEMANDÉ DE FAIRE LE SUIVI DE SON CAS, TU DOIS SAVOIR.
MAMAN… C'EST COMPLIQUÉ. DES ANALYSES SONT ENCORE EN COURS. ON SOUPÇONNE UNE MALADIE DE WALDENSTRÖM, UNE SORTE DE MALADIE DU SANG. MAIS D'APRÈS LE PROFESSEUR JEAN BERNARD QUI EST SPÉCIALISTE, LES SYMPTÔMES POURRAIENT ÊTRE CONTENUS. ON A DEMANDÉ QU'ON NE L'ALARME PAS INUTILEMENT POUR LE MOMENT.
C'EST TERRIFIANT… TU ES SÛR DE CE QUE TU DIS ?
C'EST UNE MALADIE ENCORE PEU DOCUMENTÉE, MAIS ON DOIT FAIRE CONFIANCE AU SPÉCIALISTE.
TU SAIS, IL NE DIT RIEN, MAIS JE SAIS QUE TON PÈRE SOUPÇONNE QUELQUE CHOSE LUI AUSSI. IL FAUDRA BIEN FINIR PAR LUI DIRE. IL SE PERMETTRAIT AU MOINS DE PRENDRE UN PEU DE REPOS AU LIEU DE S'OBSTINER À TRAVAILLER COMME UN FORÇAT.
…
SANS COMPTER SUR LES JOURNALISTES QUI SENTENT BIEN QUE QUELQUE CHOSE SE TRAME… LES RUMEURS COMMENCENT DÉJÀ À COURIR.

FITSOUNDA, GÉORGIE.
11 MARS 1974.
LE SOMMET FRANCO-SOVIÉTIQUE DÉBUTE DANS UNE ATMOSPHÈRE TRÈS AMICALE MALGRÉ LE CONTEXTE INTERNATIONAL TENDU ENTRE LES ÉTATS-UNIS ET L'URSS.
LE PRÉSIDENT BREJNEV, INQUIÉTÉ PAR LES RUMEURS SUR LA MALADIE DE SON HÔTE, MULTIPLIE LES ATTENTIONS ENVERS LUI.
LE CHOIX DE L'ÉLYSÉE S'EST PORTÉ SUR LA RÉGION LA PLUS ENSOLEILLÉE DE L'EMPIRE SOVIÉTIQUE AFIN DE MÉNAGER AU MIEUX LA SANTÉ DU PRÉSIDENT FRANÇAIS.
MALGRÉ LES EFFORTS DE MAQUILLAGE, IL EST DIFFICILE DE CACHER AUX JOURNALISTES PRÉSENTS LA PÂLEUR MALADIVE DU PRÉSIDENT DE LA RÉPUBLIQUE FRANÇAISE.
LA PRESSE VA BIENTÔT FAIRE SORTIR AU GRAND JOUR LES RUMEURS QUI COURENT DÉJÀ UN PEU PARTOUT.
M. BREJNEV M'A INVITÉ À FAIRE UNE NOUVELLE VISITE OFFICIELLE EN UNION SOVIÉTIQUE. BIEN ENTENDU, JE N'EN AI PAS REPOUSSÉ LE PRINCIPE TOUT EN RÉPONDANT QU'IL N'EN ÉTAIT PAS POSSIBLE AUJOURD'HUI D'EN FIXER LE MOMENT.

À L'ÉLYSÉE.
IL FAUT QUE J'ABORDE MAINTENANT DEVANT VOUS UN SUJET DONT JE N'AI JAMAIS PARLÉ. JE PASSE PAR DES MOMENTS BIEN DIFFICILES, C'EST VRAI. JE SUIS FATIGUÉ.
ON EXAGÈRE BEAUCOUP, ON RACONTE TROP DE CHOSES FAUSSES… ÉVIDEMMENT, POUR L'INSTANT, JE NE GAMBADE PAS.
TOUT CELA N'EST PAS TRÈS AGRÉABLE. J'AI BESOIN DE REPOS, J'IRAI À CAJARC. ENSUITE, CELA IRA MIEUX.
JE SUIS CHEZ MOI PARCE QUE C'EST PLUS COMMODE POUR ME FAIRE SOIGNER, NOTAMMENT PAR MON FILS. JE SUIS LES AFFAIRES TRÈS ATTENTIVEMENT. JE VOUS DEMANDE DE RESTER INDIFFÉRENTS AUX RUMEURS.
N'AILLEZ CRAINTE, J'AI LA FERME INTENTION DE LES EMBÊTER TOUS.
MESSIEURS LES MINISTRES, JE VOUS DEMANDE AUJOURD'HUI DE NE PAS ATTENDRE QUE JE SOIS LEVÉ, ET DE BIEN VOULOIR PARTIR LES PREMIERS.
ON S'INGÉNIE À TROMPER L'OPINION À COUPS DE COMMUNIQUÉS LÉNIFIANTS, OÙ IL EST QUESTION DE GRIPPE À RECHUTES, VOIRE DE CRISES HÉMORROÏDAIRES POUR EXPLIQUER LA FAIBLESSE DU PRÉSIDENT. LE PRÉSIDENT EST GRAVEMENT MALADE, CELA NE FAIT PLUS AUCUN DOUTE !
QUE NOUS CACHE-T-ON ? QU'EST-CE QU'IL SE PASSE AVEC POMPIDOU ?
IL VA MOURIR…

LE LENDEMAIN.
GEORGES POMPIDOU ET SA FEMME, ACCOMPAGNÉS DE LEUR FILS ALAIN, ONT REJOINT DISCRÈTEMENT PARIS POUR GAGNER LEUR MAISON D'ORVILLIERS.
J'EN AI MARRE. COMME JE SUIS FATIGUÉ...
GEORGES, TU VAS TE REPOSER ICI LE TEMPS DE REPRENDRE DES FORCES. ÇA IRA MIEUX, TU VERRAS.
TU ES TOUJOURS LÀ DANS LES MOMENTS DIFFICILES...
JE N'AURAIS JAMAIS PU ACCOMPLIR AUTANT SI TU N'AVAIS PAS ÉTÉ À MES CÔTÉS.
...
RENTRONS, IL COMMENCE À FAIRE FROID.
PAPA, LE PETIT DÉJEUNER EST SERVI, VIENS MANGER QUELQUE CHOSE, ÇA VA TE FAIRE DU BIEN.
JE N'EN AI PAS LA FORCE...
TA FIÈVRE EST MONTÉE, ON NE PEUT PAS TE SOIGNER CORRECTEMENT ICI. JE VAIS APPELER UNE AMBULANCE POUR TE RAMENER À PARIS.
ORVILLIERS
DOMICILE PARISIEN DE POMPIDOU À L'HÔTEL D'HASSELIN.

LE 2 AVRIL 1974, À 19 H.
CLAUDE...
JE NE CROYAIS PAS QU'ON POUVAIT SOUFFRIR AUTANT.
...
22 H 15.
i.n.f. 2
NOUS INTERROMPONS CE FILM. LE PRÉSIDENT DE LA RÉPUBLIQUE EST MORT. UN COMMUNIQUÉ DU SECRÉTARIAT GÉNÉRAL DE LA PRÉSIDENCE DE LA RÉPUBLIQUE VIENT DE SIGNALER QUE MONSIEUR GEORGES POMPIDOU EST DÉCÉDÉ À 21 H CE SOIR. CE COMMUNIQUÉ EST SIGNÉ DU PROFESSEUR VIGNANOU, LE MÉDECIN DE MONSIEUR POMPIDOU.

PARIS-PRESSE
JEUDI 4 AVRIL 1974
O F 80
et toutes
La mort brutale de Georges Pompidou
JUSQU'AU BOUT
DE SES FORCES
5 AVRIL 1974, CATHÉDRALE NOTRE-DAME DE PARIS.
GEORGES POMPIDOU AVAIT REFUSÉ LES FUNÉRAILLES NATIONALES ET AVAIT DONNÉ DES INSTRUCTIONS CLAIRES POUR SES OBSÈQUES. UNE MESSE CHANTÉE EN GRÉGORIEN AURAIT LIEU DANS L'ÉGLISE SAINT-LOUIS-EN-L'ISLE, EN PRÉSENCE DE SES PROCHES ET DE SA FAMILLE. UN HOMMAGE, SANS CERCUEIL, RASSEMBLERA À NOTRE-DAME DE PARIS LES PERSONNALITÉS DU MONDE ENTIER.
MES FRÈRES, JE VOUS REÇOIS DANS LA DEMEURE DE DIEU...
... JE LE FAIS AU NOM DE LA COMMUNAUTÉ CHRÉTIENNE DE PARIS DONT, PAR SON BAPTÊME, ÉTAIT MEMBRE LE PRÉSIDENT GEORGES POMPIDOU.
DEVANT SA MORT SOUDAINE, MAIS CHAQUE JOUR ENTREVUE DANS LA SOLITUDE D'UN COURAGEUX COMBAT...
... JE VOUS INVITE À LA PRIÈRE ET À LA MÉDITATION.

COMME IL L'AVAIT SOUHAITÉ DANS SON TESTAMENT, LE PRÉSIDENT GEORGES POMPIDOU A ÉTÉ INHUMÉ LE 4 AVRIL 1974, DANS LA PLUS STRICTE INTIMITÉ, AU CIMETIÈRE DU PETIT VILLAGE D'ORVILLIERS, DANS LES YVELINES, OÙ LE COUPLE POSSÉDAIT UNE MAISON DE CAMPAGNE.

Je veux être enterré à Orvilliers.
Sans fleurs ni couronne. Ni monument funéraire.
Une simple dalle de pierre.

Les
peuples heure
n'ont pas d'hi
souhaiterais
riens n'aient
choses